돈을 이기는 기술

돈을 이기는 기술

1판 1쇄 발행 2008년 11월 20일

지은이 ㅣ 정우식
펴낸이 ㅣ 박찬영
편집 ㅣ 이인석, 김혜경
마케팅 ㅣ 이진규, 장민영
관리 ㅣ 한미정
디자인 ㅣ Song디자인

발행처 ㅣ 리베르
주소 ㅣ 서울시 용산구 한강로 2가 314-1 용성비즈텔 1501호
등록번호 ㅣ 제2003-43호
전화 ㅣ 02-790-0587, 0588
팩스 ㅣ 02-790-0589
홈페이지 ㅣ www.liberbooks.co.kr
e-mail ㅣ skyblue7410@hanmail.net

ISBN ㅣ 978-89-91759-41-1 (03320)
copyright ⓒ 정우식, 2008

리베르(LIBER)는 책과 전원의 신을 의미합니다.
또한 liberty(자유), library(도서관)의 어원으로서 자유와 지성을 상징합니다.

진짜 부자가 되는
'뉴플러스 원리' 10가지

돈을
이기는기술

정우식 지음

리베르

우리는 지금 엄청난 경제 위기 속에서 살고 있고 전 세계가 한 치 앞을 내다보기 어려운 상황에 놓여 있다. 그동안 성장을 주도하고 전 세계 경제의 중심에서 큰 힘을 가지고 있던 미국이 이렇게 무너질 줄을 누가 알았겠는가? 우리나라도 심각한 위기 상황에서 탈출하기 위해 모든 대책과 자원을 동원하고 있다. 이번 사태를 보면서 우리의 미래는 확실한 게 없고 또 장담할 것도 없다는 것을 새삼 느꼈다. 국가경제뿐만 아니라 우리 가정과 개인의 경제 또한 마찬가지이다. 우리는 이 거대한 경제의 구성원이기 때문이다.

우리는 돈 없이 살기 힘들다. 돈이 우리 삶을 지배한다고 해도 과언이 아니다. 그래서 우리는 경쟁적으로 돈을 추구한다. 또 빨리 많이 벌기를 원한다. 그래서 많은 사람들이 전문가로 자처하며 투자의 비법도 내놓고 불확실한 미래를 이길 수 있는 것처럼 많은 사람들을 현혹하고 있다. 나도 그런 사람들 중의 하나였다. 대기업에서 15년간 근무하고 새로이 시작한 사업이 자산관리 교육 컨설팅이었다. 지금도 많은 은행·증권·보험 회사의 자산관리 인력들을 교육하고 있다. 전문가들이 연구하는 것은 불확실한 미래에 대한 시장을 이기는 방법을 연구하는 것이다. 그런데 결론은 불확실한 미래를 이길 수는 없다는 것이다. 미래는 신만이 알 뿐이다. 인간이 할 일은 단지 그 위험에 대비하는 것이다. 많은 PB들의 교육을 맡으면서 부자들도 돈 때문에 고통을 받고 있다는 사실을 많이 보아왔다. 그런데도 대다수 사람들은 부자가 되면 돈 문제는 없을 것이라고 생각한다. 가지지 못한 자는 가지길 원하고 가진 자 또한 더 가지길 원하는 것이 돈이다. 도대체 돈이 무엇이며, 우리가 어떻게 돈을 관리해야 하는지, 행복한 삶을 살기 위해 어떻게 해야 하는지, 돈을 보는 우리들의 잘못된 고정관념이 우리에게 어떤 불행을 가져다주는지 등을 깨닫게 되었다.

우리는 돈을 얼마나 아는가? 우리는 돈을 아는 만큼 우리 인생이 돈으로부터 자유스럽고 행복해질 수 있다. 자산관리나 재테크 이전에 돈을 알아야만 성공할 수 있는 것이다. 돈을 모르면서 어떻게 관리할 수 있는가? 부자가 되기보다는 돈으로부터 자유로운 인생을 살아야 되겠다는 것이 목표가 되어야 한다. 『돈을 이기는 기술』은 돈을 몰라 서로 시기하고 싸우고 또한 사람을 죽이는 이 세태 속에서 나와 가정을 지키는 방법을 제시함으로써, 독자 모두에게 삶의 변화를 가져다주는 지침서로 읽혀지고 전해지길 바란다. 이 책이 돈이 없어서 받는 처절한 고통은 물론 돈이 많아 일어나는 문제점을 동시에 해결하여 모든 독자가 자신과 가정의 행복을 지킬 수 있기를 원한다. 이 책에서 이야기하는 '참 더하기' 뉴플러스가 독자 모두의 가정에 충만하기를, 그리고 이 나라와 전 세계에 충만하기를 기원한다. '참 더하기' (뉴플러스) 운동이 전국적으로 전개되길 기원하며 많은 독자들의 참여를 기대한다.

지금까지 묵묵히 나의 반쪽으로 힘들 때나 기쁠 때나 같이한 사랑하는 나의 아내와 아들과 딸에게 이 지면을 빌어 감사하고, 나의 믿음을 굳게 해주신 김만제 목사님께도 감사드린다. 언제나 나와 함께한 최동인에게도 고마움을 전한다.

현재 내가 소속되어 있는 ㈜에듀스탁의 정학진 회장님 이하 전 임직원께도 감사를 드린다.

끝으로 나에게 이러한 지혜를 주셔서 책을 쓰게 해주신 하나님께 이 모든 영광을 돌린다.

2008년 11월　정우식

(wm0716@hanmail.net)

책 읽기 전에 생각해 봅시다
What's THIS
사용 설명서
프롤로그: 돈이 '웬수'야!

Why not
Chapter 1
왜 돈을 벌지 못하는가? ·········

Why?
왜 돈을 벌기를 원하는가?

How to
어떻게 돈을 이길 것인가?

Do it now!
삶으로의 적용 ···

1. '돈' 하면 생각나는 한 단어는 무엇입니까?
2. 돈이 얼마나 있으면 만족하시겠습니까?
3. 지금 10억이 생기면 무엇을 하겠습니까?
4. 200제곱미터(60평) 아파트에 사는 사람이 부자입니까? 100제곱미터(30평) 아파트에 사는 사람이 부자입니까?
5. 좋은 대학 가면 좋은 직장을 가질 수 있다고 생각하십니까?
6. 좋은 직장을 가지면 성공한 삶을 살 수 있다고 생각하십니까?
7. 좋은 직장에서 돈을 많이 받으면 돈을 적게 받는 사람들보다 반드시 미래에 풍요로운 생활을 할 수 있다고 생각하십니까?
8. '부자가 되면 모든 경제적인 문제는 해결된다'는 말에 동의하십니까?
9. '부자＝행복'이라고 생각하십니까?
10. 당신이 부모라면 지뢰가 묻혀 있는 데서 아이들을 어떻게 놀게 하겠습니까?
    (가) 지뢰가 있는 곳을 알려주고 피하는 방법을 알려준다
    (나) 완전히 제거하고 난 뒤 놀게 한다
11. 당신의 소득이 앞으로 어떻게 될 것이라고 생각하십니까?
    (가) 오랫동안(정년까지) 매년 증가한다 (나) 감소할 것이다 (다) 미래는 알 수 없다
12. 부자가 되길 원하십니까? 안정적인 삶을 원하십니까?
13. 당신이 직접 투자를 하면 큰돈을 벌 수 있다고 생각하십니까?
14. 전문가에게 맡기면 큰돈을 벌 수 있다고 생각하십니까?
15. 소득이나 수입을 내 마음대로 할 수 있다고 생각하십니까?
16. 당신은 돈을 버는 것과 절약하는 것 중 어느 것에 중점을 두고 시간을 더 씁니까?
17. 돈이 원수라고 하는데 이 말은 어떤 사람들의 이야기인가요?
    (가) 돈이 없어서 고통받는 사람 (나) 돈이 많아서 돈 문제에 시달리는 사람 (다) 둘 다
18. 시중 서적 중에 투자에 크게 성공한 이야기를 보면 무슨 생각이 드십니까?
    (가) 기회가 되면 나도 한번 해보고 싶다 (나) 나와 상관없는 일이다 (다) 둘 다 아님
19. 현재 시장에서 전문가로 활동하고 있는 주식, 펀드, 선물, 옵션 등 투자 자문을 하는 사람들은 돈을 많이 번다고 생각하십니까?
20. 일생을 살면서 한 사람이 평생 쓰는 돈은 얼마라고 생각하십니까?

＊ 위의 질문에 대한 해답의 열쇠가 이 책에 있습니다.

여러분의 생각과 다른 사람들의 생각을 서로 알아보는 시간입니다.
현직 은행 PB 47명과 일반인 24명을 대상으로 앞의 설문자료를 조사한 결과입니다.
이 설문의 목적은 돈에 대한 평소의 생각을 알아보기 위한 것입니다.

설문자료 분석

1. 조사 대상자의 성별

성별	인원	백분율
여	39	54.9%
남	32	45.1%
	71	100.0%

2. 조사 대상자의 연령

나이	인원	백분율
40대	34	47.9%
20대	20	28.2%
30대	17	23.9%
	71	100.0%

3. 직업별

직업	인원	백분율
은행원(PB)	47	66.2%
학생	11	15.5%
회사원	8	11.3%
무직	2	2.8%
공무원	1	1.4%
보험	1	1.4%
증권사	1	1.4%
	71	100.0%

문항별 분석

1. '돈' 하면 생각나는 단어는 무엇입니까?

응답내용	인원	백분율
여유, 부, 풍요	34	47.9%
행복, 꿈, 비전	8	11.3%
부정적 응답	5	7.0%
무응답	5	7.0%
권력, 명예	4	5.6%
주식 부동산펀드, 빚	3	4.2%
갖고 싶다	2	2.8%
노후	2	2.8%
로또	2	2.8%
기타	6	8.5%
	71	100.0%

거의 70% 이상이 '여유·부·풍요·행복·꿈·비전·권력·명예·갖고 싶은 것'으로 돈을 연상하고 있음을 알 수 있다. 부정적 응답은 10% 내외이다.

2. 돈이 얼마나 있으면 만족하시겠습니까?

응답내용	인원	백분율
10억 이상 50억 미만	34	47.9%
100억 이상 300억 미만	14	19.7%
50억 이상 100억 미만	9	12.7%
다다익선	4	5.6%
여유롭게 쓸 만큼	4	5.6%
1조	2	2.8%
무응답	2	2.8%
10억 미만	1	1.4%
별로	1	1.4%
	71	100.0%

50% 가까운 응답자가 10억에서 50억 미만이라고 응답함

3. 지금 10억이 생기면 무엇을 하겠습니까?

응답내용	인원	백분율
부동산 구입	29	40.8%
투자	11	15.5%
예금	7	9.9%
부채상환	5	7.0%
노후준비	6	8.5%
여행	3	4.2%
자동차 구입	3	4.2%
미래투자 (자기계발)	3	4.2%
기부	1	1.4%
로또	1	1.4%
생활자금	1	1.4%
천천히 계획	1	1.4%
	71	100.0%

4. 200제곱미터(60평) 아파트에 사는 사람이 부자입니까? 100제곱미터(30평) 아파트에 사는 사람이 부자입니까?

직업	인원	백분율
60평	31	43.7%
단순 비교는 힘들다	28	39.4%
30평	5	7.0%
무응답	4	5.6%
둘 다	2	2.8%
둘 다 보통	1	1.4%

5. 좋은 대학 가면 좋은 직장을 가질 수 있다고 생각하십니까?

응답내용	인원	백분율
Y	46	64.8%
N	17	23.9%
중립	8	11.3%

6. 좋은 직장을 가지면 성공한 삶을 살 수 있다고 생각하십니까?

응답내용	인원	백분율
Y	26	36.6%
N	23	32.4%
중립	16	22.5%
기타	5	7.0%
무응답	1	1.4%

7. 좋은 직장에서 돈을 많이 받으면 돈을 적게 받는 사람들보다 반드시 미래에 풍요로운 생활을 할 수 있다고 생각하십니까?

응답내용	인원	백분율
Y	45	63.4%
N	18	25.4%
중립	8	11.3%

8. '부자가 되면 모든 경제적인 문제는 해결된다'는 말에 동의하십니까?

응답내용	인원	백분율
N	38	53.5%
Y	28	39.4%
중립	4	5.6%
무응답	1	1.4%

9. '부자=행복'이라고 생각하십니까?

응답내용	인원	백분율
N	48	67.6%
Y	15	21.1%
중립	5	7.0%
무응답	3	4.2%

10. 당신이 부모라면 지뢰가 묻혀 있는 데서 아이들을 어떻게 놀게 하겠습니까?

응답내용	인원	백분율
가. 지뢰가 있는 곳을 알려주고 피하는 방법을 알려준다	48	67.6%
나. 완전히 제거하고 난 뒤 놀게 한다	15	21.1%
둘 다	5	7.0%
둘 다 아님	3	4.2%

11. 당신의 소득이 앞으로 어떻게 될 것이라고 생각하십니까?

응답내용	인원	백분율
가. 오랫동안 매년 증가한다.	28	39.4%
나. 감소할 것이다.	5	7.0%
다. 미래는 알 수 없다.	37	52.1%
가/다	1	1.4%

12. 부자가 되길 원하십니까? 안정적인 삶을 원하십니까?

응답내용	인원	백분율
안정적인 삶	46	64.8%
부자	13	18.3%
둘 다	9	12.7%
무응답	3	4.2%

13. 당신이 직접 투자를 하면 큰돈을 벌 수 있다고 생각하십니까?

응답내용	인원	백분율
N	53	74.6%
무응답	6	8.5%
Y	6	8.5%
50%이상	3	4.2%
잘 모르겠다	3	4.2%

14. 전문가에게 맡기면 큰돈을 벌 수 있다고 생각하십니까?

응답내용	인원	백분율
N	48	67.6%
꼭 그렇지만은 않다	7	9.9%
무응답	7	9.9%
Y	7	9.9%
어느 정도는 늘어난다	2	2.8%

15. 소득이나 수입을 내 마음대로 할 수 있다고 생각하십니까?

응답내용	인원	백분율
N	50	70.4%
Y	13	18.3%
무응답	7	9.9%
잘 모르겠다	1	1.4%

16. 당신은 돈을 버는 것과 절약하는 것 중 어느 것에 중점을 두고 시간을 더 씁니까?

응답내용	인원	백분율
돈 버는 것	37	52.1%
절약	20	28.2%
무응답	7	9.9%
반반	5	7.0%
돈 버는 것 60 절약하는 것 40	2	2.8%

17. 돈이 원수라고 하는데 이 말은 어떤 사람들의 이야기인가요?

응답내용	인원	백분율
가. 돈이 없어서 고통받는 사람	23	32.4%
나. 돈이 많아서 돈 문제에 시달리는 사람	8	11.3%
다. 둘 다	34	47.9%
무응답	6	8.5%

18. 시중 서적 중에 투자에 크게 성공한 이야기를 보면 무슨 생각이 드십니까?

응답내용	인원	백분율
가. 기회가 되면 나도 해보고 싶다	35	49.3%
나. 나와 상관없는 일이다	26	36.6%
다. 둘 다 아님	1	1.4%
무응답	7	9.9%
반반	2	2.8%

19. 현재 시장에서 전문가로 활동하고 있는 주식, 펀드, 선물, 옵션 등
투자 자문을 하는 사람들은 돈을 많이 번다고 생각하십니까?

응답내용	인원	백분율
N	46	64.8%
Y	13	18.3%
무응답	7	9.9%
대체로 그렇다	5	7.0%

20. 일생을 살면서 한 사람이 평생 쓰는 돈은 얼마라고 생각하십
니까?

직업	인원	백분율
10억 이상 20억 미만	19	26.8%
1억 이상 10억 미만	15	21.1%
20억 이상 30억 미만	12	16.9%
무응답	11	15.5%
사람마다 다름	7	9.9%
50억	3	4.2%
100억 이상	3	4.2%
잘 모르겠음	1	1.4%

What's THIS?

이것은 벗기면 벗길수록 새로운 모습을 드러냅니다.

이것을 처음 보면 아름다운 모습에 정신을 잃을 수도 있습니다.
그리하여 어떤 이들은 눈이 멀기도 합니다.

가장 겉껍질을 벗겨보면 화려함이 드러납니다.
온갖 좋은 것이 보이기 때문에 모두가 달려들어 가지고 싶어합니다.

두 번째 껍질을 벗겨보면 두려움이 드러납니다.
이것은 잡으려고 할수록 빠져나가기 때문에 항상 두려움과
불안 걱정이 있습니다.

마지막 껍질을 벗기면 탐욕이 드러납니다.
이것을 가지려는 탐욕은 바닥 없는 심연과도 같아 결코 채워지지 않습니다.
그래서 욕심과 분노, 악의 시작이 될 수 있습니다.

천국 빼고 다 갈 수 있는 여행권이라고도 하고
행복 빼고 다 살 수 있는 상품권이라고도 하는
이것은 무엇입니까?
·
·
·

바로 돈입니다.

돈이란 제품에 대한 사용 설명서입니다.
다음 사항을 잘 살펴보시고 사용하시는 데 불편함이 없도록
주의를 기울여 주십시오

출고일 : 사람이 창조된 후 땀 흘려 일해야 했을 때부터
유효기간 : 사용하는 사람에 따라 유효기간의 차이가 있음
특징 : 겉으로는 단단해 보이지만 대단히 유연함

　　　잡으려고 할수록 달아나고 움켜질수록 빠져나감

　　　사람마다 불공평하게 주어지지만 죽을 때는 모두 두고 가야 함
주요기능 : 사람을 살리기도 하지만, 엄청난 파괴력으로 사람을 죽이기도 함
관리방법 : 과유불급, 적당히 잘 사용해야 함
A/S : 제품이 변질되거나 기능을 상실할 때 A/S가 거의 불가능함

　　　웬만하면 잘 사용하도록 해야 함
보관방법 : 쌓아 두면 썩거나 변질되기 쉬우니 그때그때 적절히 사용해야 함
주의사항 : 너무 오래 쳐다보고 있으면 노예가 될 수 있음

　　　너무 멀리해도 가난이 군대처럼 달려듦

돈이 '웬수'야!

 "대체 저는 왜 돈을 못 버는 겁니까?"

"휴~ 돈은 많이 벌어놓았지만 전혀 행복하지가 않아."

어떤 사람은 돈이 없어서 신세한탄을 늘어놓고 또 어떤 이들은 풍족한 돈 때문에 즐겁지 않은 상반된 반응을 보면서 어느 날부터인가 나는 혼란에 빠졌다. 10년 가까이 개인 자산관리를 연구하고 은행 증권 보험사의 자산관리 전문가들을 교육하는 사람으로서 이러한 의문이 드는 것은 당혹스러운 일이었다. 그때부터 머리에서 돈에 대한 의문이 꼬리를 물기 시작했다.

모두가 똑같이 일을 하는데 왜 어떤 이는 성공하고 어떤 이는 실패하는가?

왜 어떤 부자는 갑자기 나락으로 떨어지고 어떤 사람은 갑자기 부자가 되는가?

부자가 된다고 해서 돈으로부터 자유로운가?

사람들은 왜 저마다 돈으로 인해 고통과 불행을 겪는가?

많이 배우고 좋은 학벌을 가지면 부자가 되는 것인가?

부자가 되어야 하는가, 아니면 돈에 연연하지 않는 자유로운 삶을 살아야 하는가?

이렇듯 우리 삶의 행불행의 핵심에 자리하는 돈!

돈의 문제를 어떻게 극복할 수 있는 것일까?

필자는 이 책을 통하여 돈이 없어서 고통받는 사람들과 반대로 돈이 많아 가정이 파괴되어 고통받는 삶들이 적어지기를 바란다.

모든 돈 문제의 근원은 우리가 너무 돈을 모르고 있고 그리고 너무 한쪽으로만 바라보며 살고 있다는 데 있다. 물론 그렇게 볼 수밖에 없는 환경 속에 살고 있기 때문에 우리가 무방비 상태로 돈의 위협을 받고 있기도 하다.

이러한 사실을 깨닫고 나니 이것도 모른 채 자산관리를 해왔던 내 자신부터 부끄러워졌다. 무조건 자산을 늘리는 방법에만 몰두했고 돈이 많으면 모든 경제의 문제는 없다고 생각했다. 하지만 막연하게 돈을 벌려고 투자하다 손해 보아 정작 필요할 때 돈이 부족하거나 없어 힘들어 하게 되고 어떤 이는 운이 좋아 투자로 많은 돈을 벌어 좋은 차 좋은 집에 살고 매일 놀고먹는 것 같아 행복한 삶을 사는 것 같은 사람들도 있다. 이러한 돈에 대해 무수한 사례들이 있지만 우리는 누가 진정으로 행복한 사람인지 또한 행복한 삶이 뭔지에 대한 진실을 알지 못하거나 잘못 알고 살아가고 있다. 그리하여 많은 사람들은 돈으로부터 힘들어 한다. 이 모든 문제 속에 도사리고 있는 돈. 이것이 무엇이고 어떻게 다루어야 하는지를 이야기하고자 한다. 내가 발견한 돈에 대해 알고 나니 돈에 대해 참을 수 없는 분노가 치밀었고 나 자신을 돌아보며 뼈저린 반성과 후회도 했다. '아, 그래서 내가 힘들었구나! 그때 이렇게 했어야 했는데!' 그 이후부터 사명감이 생겼다. 그것은 돈을 동경하면서도 무방비 상태로 끌려다니는 이들에게 깨달음을 전하는 거였다. 또한 행복한 가정을 깨뜨리고 가족의 꿈을 산산조각 나게 만드는 돈에 대해 이해함으로써 이 땅의 가정들이 행복과 꿈을 되찾게 만들고 올바른 가정으로 바로설 수 있게 도와주는 역할을 하길 소망했다.

그때부터 '사람을 살리는 자산관리'라는 주제로 자료를 만들기 시작했고 눈물과 회개 속에 쓰여진 글들은 자산관리 전문가뿐만 아니라 일반인들에게 강의로 전해지고 있다.

주변의 많은 지인들 중에 나의 변화에 적잖게 놀라워하는 사람들도 많다. 그러나 강의를 듣고 변화하는 이들은 더욱 놀랍고 파워풀하다. 그들이 세상의 빛과 소금의 역할을 하여 물질만능시대가 아닌 물질활용만능시대를 이끌어가길 소망할 뿐이다.

오늘도 신문을 보라. 돈 때문에 유명 연예인이 자살하고 별의별 사건이 일어나는 일이 얼마나 많은가.

현대인의 삶 속에서 빼놓을 수 없는 돈을 정확히 이해하고, 돈으로부터 고통받는 우리 모두를 돈으로부터 자유롭게 지킬 수 있기를 희망하며 이제부터 돈 구경 한번 실컷 해보자.

우리는 인생의 위험에 눈을 뜨고

돈의 공격으로부터 이길 수 있는 만반의 준비를 해야 한다.

불확실한 더하기를 추구하는 '더하기형 인간'이 되지 말고

돈을 경계해 위험에 대비하는 '마이너스(뉴플러스)형 인간'이 되어야 한다.

가난한 가게 주인이 있었다. 가게에는 찾아오는 손님도 팔리는 물건도 없이 매일 가난의 연속이었던 터라 그는 무척 속이 상했다. 그러던 어느 안식일 날 한 랍비의 이야기를 듣게 되었다.

"이 세상의 부자는 저 세상에서 가난하게 되고, 이 세상에서 가난한 자는 저 세상에 가면 부자가 될 것입니다. 신은 공평하십니다."

이 이야기를 듣고 가게 주인이 랍비를 찾아갔다.

"선생님, 저는 지금 너무 가난합니다. 선생님 말씀대로라면 저 세상에서 부자가 되겠지요? 그럼 그때 갚을 테니 돈 1억만 빌려주십시오."

이 말을 듣던 랍비가 서슴지 않고 돈을 빌려주면서 어디에 쓸 것인지 물었다. 그러자 가게 주인은 마침 새해가 다가오니 신년 물건인 하누카를 팔아 부자가 되고 싶다며 신이 나서 대답했다. 그 이야기를 듣고 있던 랍비가 돈을 도로 뺏으며 말했다.

"그러면 당신은 이 땅에서 부자가 되니 저 세상에서 가난해져서 내 돈을 갚을 수 없지 않소? 그러니 빌려줄 수가 없소"

가난한 가게 주인은 돈을 도로 뺏어가는 랍비를 바라보며 중얼거렸다.

'참… 누구나 돈 욕심은 있구만….'

1— 정복할 것인가 자유로울 것인가

만약 당신에게 100억 원이 주어진다면?

'만약 누군가가 당신에게 100억을 준다면 기꺼이 무슨 일을 할 수 있겠습니까?'

당신이 이 질문을 받았다면 당신은 아마 100억 원이란 어마어마한 돈을 쓸 생각에 가슴이 부풀어 있을 것이다. 이 질문은 1991년 출간된 『미국이 진실을 말했던 날』이란 책에 실렸던 흥미로운 설문조사였다.

질문에 응한 미국인들의 대답이 정말 충격적이다. 다음은 순위별로 적어놓은 대답이다.

가족을 버린다(25%)

교회를 버린다(25%)

1주일 이상 몸을 판다(23%)

미국의 시민권을 포기한다(16%)

연인이나 배우자를 떠난다(16%)

입을 다물어서 살인자가 풀려나게 한다(10%)

낯선 사람을 죽인다(7%)

성전환 수술을 한다(4%)

아이들을 입양시킨다(3%)

미국인들의 답이라고 하지만 우리가 비슷한 질문을 받았더라도 크게 다르지 않았을 것이다. 대답에서 알 수 있듯이 사람들은 돈을 위해서라면 가족과 신앙, 육체와 살인도 서슴지 않고 할 수 있다고 한다. 이쯤 되면 돈이 명령하고 사람은 따르는 돈의 노예가 되길 자청한다는 것과도 같다.

돈 싫어하는 사람 있으면 나와 보라고 말할 수도 있다. 물론 돈 자체는 나쁜 것이 아니다. 그러나 돈이 목적이 되고 돈을 사랑하는 것은 악의 뿌리가 될 수 있다. 여기에는 반드시 걷잡을 수 없는 욕심과 탐심이 있기 때문이다.

부자가 되기를 꿈꾸는 대부분의 사람들을 보면 이렇게 돈의 노예가 되어 사는 경우가 많다. 돈의 노예가 된다는 것이 무엇인가? 오로지 돈이 목적이 되고 마음이 조급해지며 돈에 집착해서 살아간다. 이렇게 되면 사람보다 돈이 우선시되고 돈만이 모든 것을 할 수 있다고 맹신하게 된다.

어떤 사람이 자신의 집이 안 팔려 고민을 하고 있었다. 여기저기 부동산을 알아보고 사람들을 만나 간청도 해보았지만 속수무책, 결국 두 손 두 발 다 드는 심정으로 기도를 드렸다. 그러고는 대단한 결심도 보였다. '이 집이 팔리게 해주시면 집값의 1/10을 이웃을 위해 나누겠습니다. 그러니 꼭 팔리게 도와주십시오.'

그런데 이게 웬일인가. 기도가 끝나기 무섭게 집을 보겠다는 사람이 찾아왔다. 그 사람들은 집을 보더니 단번에 승낙하며 1억이란 돈을 제시했다. 그 사람은 뛸 듯이 기뻤으나 방금 전 기도했던 내용이 떠올랐다. 갑자기 돈이 아까워진 것이다. 그러자 그는 집을 사겠다는 사람에게 이렇게 말했다.

"이렇게 합시다. 어차피 1억이란 돈을 주시는 건 같지만, 집값을 1,000만 원으로 하고 이 마당에 있는 나무를 9,000만 원으로 하는 겁니다. 어차피 선생님은 1억을 주실 거니까 괜찮겠지요?"

그 사람은 집 계약을 마치고 집값으로 자신이 책정한 1,000만 원에 대한 10분의 1을 이웃과 나누었다고 한다. | 성경따라 부자되기-전병국 저 인용각색 |

이스라엘을 다스린 솔로몬. 아주 좋은 환경의 가문에서 자라난 왕자였고 지혜를 얻어 이스라엘을 통치하는 동안 솔로몬 왕국이라 불리울 만큼 풍족했고 넉넉했다. 그러나 수많은 사람들의 부러움의 대상이었던 솔로몬 왕도 부자에 대한 경고를 잊지 않았다. 부자는 부유함으로 인해 잠을 자지 못하고 스스로 지혜 있다 여기기 때문에 교만하며 돈이 자신을 보호할 수 있으리라 착각한다는 경고였다. 부자였던 자신을 향한 경고였을지도 모르겠다.

돈은 생활에 꼭 필요한 물질이다. 그러나 통장에 적힌 숫자에 웃고 웃는 모습과 마주할 때면 돈이 마치 사람을 끌어당기고 조종하고 있다는 생각이 들지 않는가.

돈에 자유로운 사람

존이란 남성이 있었다. 평범한 가정에서 자란 그였지만 어렸을 때부터 그는 조금 특이한 어머니의 교육을 받으며 자라났다. 초등학교를 다닐 때 학교에서 학생들을 대상으로 콜드콜(어떤 물건을 팔기 위해 예고 없이 전화하거나 방문하는 것)을 시행했다. 미국에서는 종종 있는 일이다. 아이들이 직접 학교에서 지정해준 물건을 팔아보는 경험을 함으로써 경제에 대해 이해도 하지만 무엇보다 사람과의 대면을 통해 거절을 극복하는 방법을 스스로 터득하게 만든다는 효과가 있는 작업이다.

존 역시 낯선 집의 벨을 눌러 물건을 파는 일이 누구보다 싫었다. 게다가 소극적이기까지 한 존이었기에, 친구네 어머니가 콜드콜을 대신 해준다는 이야기를 들었을 때 그렇게 부러울 수가 없었다. 그러나 존의 어머니는 그 일에 대해 무관심했다. 대신 아들이 콜드콜을 체험하러 갈 때면 아들이 혹시 오해받지 않게 하려고 뒤에 서서

조용히 상황을 지켜봐주었다.

부탁해도 당연히 들어주지 않을 어머니였기에 존은 떨리는 마음으로 어떤 집의 벨을 눌렀다. 다행히 문을 열어준 아주머니는 조심스럽게 물건을 팔아달라고 말하는 존을 향해 단번에 거절의 뜻을 비쳤다.

"우리 집에는 물건이 아직 남아 있단다. 미안하지만 돌아가거라."

존은 냉정한 아주머니의 거절에 눈물이 핑 돌았다. 그런데 그날 내내 콜드콜을 했고 다행히 딱 한 집에서 물건을 사주었다. 싱글벙글거리며 집으로 돌아오던 존은 기분이 너무 좋아 달리기도 하고 점프도 하는데 그만 물건 값이 어딘가에 빠졌는지 사라져버렸다. 당장 내일 학교에 갈 생각에 막막하기만 했다.

"저… 어머니도 보셨잖아요. 그 돈은 내 돈이었다구요. 이렇게 잃어버리는 건 너무 불공평해요. 내 돈…."

울먹거리며 분풀이를 하고 있을 때 어머니는 잠시 기다려준 뒤 그에게 말했다.

"존, 돈을 번 것도 너고 잃어버린 것도 너야. 그러니 돈에 대한 책임도 너한테 있단다. 생각해 봐라. 지금 네가 30분째 다시 찾을 수 없는 돈 때문에 분을 품고 아까워하고 있다고 해서 달라진 게 뭐가 있니? 차라리 그 시간에 더 열심히 물건을 팔았다면 어쩌면 다섯 개를 더 팔 수 있었을지도 모르겠다. 손에서 떠난 돈은 네 것이 아니란다. 돈에서 자유로울 때 너는 다시 물건을 팔 수 있다. 언제나 기억하

거라. 돈을 자유롭게 떠나게 해줄 때 자유롭게 돌아온단다."

그 사건 이후 존은 어머니로부터 돈에 억압받지 않도록 늘 조언을 들었고, 훗날 청년 실업가로 성공하여 큰 부를 이룰 수 있었다. 큰 사업가가 되었지만 커다란 경제불황으로 인해 모든 것을 잃게 되는 고비가 두 차례나 있었다. 그러나 그때마다 그는 어머니를 생각하며 여유롭게 말했다.

"괜찮아. 이미 손에서 떠난 것은 내 것이 아니야. 돈을 자유롭게 보내주자. 자, 다시 한번 콜드콜을 시작해 볼까?"

나는 돈에 정복되었는가?

다음 질문에 깊이 생각해 본 뒤 yes or no에 표시해 보세요.

★ 돈을 바라보면 욕심이 차오르는가?   Yes No
★ 자신이 가진 것이 아닌 다른 사람이 가진 것을 따르고 있는가?   Yes No
★ 지금 당장 부자가 되고 싶은 마음이 있는가?   Yes No
★ 돈이 없다고 원망하거나 범죄하고 싶은가?   Yes No

만약 이 질문에서 자유로울 수 없다면 당신은 이미 돈에 정복당하고 있는 중이다.
지금 당장 돈에서 자유롭기 위해 빠져나와야 한다.

2— 더하기에 목맨 인생

돈으로 본 인생 그림 정리하기

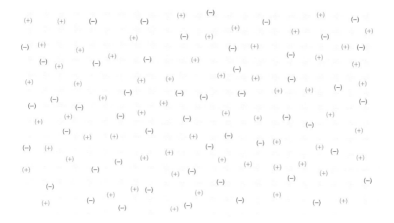

이 그림을 보고 더하기 빼기라고도 하고 플러스 마이너스라 하기도 한다. 어떠한 것이든 좋다. 이것은 무수한 더하기 빼기가 복잡하게 얽혀 있는 그림으로 돈으로 본 우리의 인생 그림이다. 앞서 말했듯 태어나기 전부터 죽은 뒤까지 벌어들이고 쓰여질 돈들이 씨실과 날실로 연결되어 있다. 그런데 이 그림을 보면 언제가 초등학교 시절이고 언제가 결혼 후의 모습인지 전혀 알 수 없다. 한마디로 이 복잡하고 정리되지 않은 인생의 그림을 우리가 그려가고 있다는 것이다.

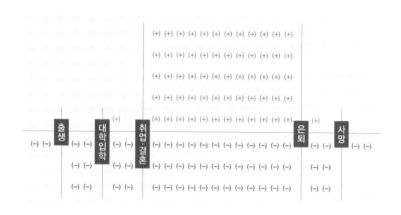

자, 그렇다면 이 그림은 어떠한가?

한층 정리가 잘되어 있어 보기에 편하지 않는가. 더하기는 더하기대로 빼기는 빼기대로 인생 전반에 걸쳐 잘 정리되어 있다. 이렇게 정리가 되었다는 것 자체로도 이제 돈을 조금 알아가고 있다는 말이 된다.

그림을 보면 중앙선을 기점으로 플러스와 마이너스가 군집되어 있음을 알 수 있다. 어떤 때는 빼기만 집중적으로 있고 어떤 때는 함께, 어떤 때는 더하기가 더 많을 때도 있다. 이렇게 정리가 되면 아래 위의 비율을 맞추려는 노력을 하게 된다. 이것이 바로 돈으로 본 인생을 정리해 나가는 첫 과정이다.

더하기는 벌어들이는 수입, 즉 소득을 의미한다. 빼기는 말 그대로 지출을 의미한다. 돈으로 본 인생은 아주 간단하다. 수입과 지출을 조절해 나가며 부를 얻는 것을 목적으로 삼는데 아직도 많은 이들, 대다수의 사람들이 처음과 같이 복잡한 그림을 그냥 방치하며 살아가고 있기 때문에 돈과 점점 멀어지는 것이다.

나는 어느 상태에 있는가?

자가진단표
아래 항목에 답해 보자.

1. 나의 지갑 안에는 많은 카드가 있고 많은 것들이 복잡하게 들어 있다.　　Yes　No
2. 나의 주머니 안에는 무언가로 항시 차 있어 찾는 것을 끄집어내려면
　시간이 걸린다.　　Yes　No
3. 나의 책상 위에는 많은 것이 어질러져 있다?　　Yes　No
4. 집 안에서 내가 필요한 물건을 찾으려면 그것이 어디에 있는지 바로
　알 수 없다.　　Yes　No
5. 나는 메모하는 습관이 있다.　　Yes　No
6. 카드명세표, 각종 고지서, 영수증 등을 세밀히 살펴보지 않는다.　　Yes　No
7. 교통범칙금 등을 제때에 납부하지 않은 경우가 자주 있다.　　Yes　No
8. 모든 납부해야 할 금액을 납부기한 내에 내는 것을 깜박할 때가 있다.　　Yes　No
9. 외상술을 좋아한다－할부구매를 좋아한다.　　Yes　No
10. 나는 충동구매를 한다.　　Yes　No

위의 질문에 답하면서 해당되는 게 많으면 많을수록 당신은 첫 번째 그림의 혼란 상태에 있음을 알아야 한다. 자기 주변이 정리되어 있어야 하고 항상 계획 속에서 삶을 살아야 한다.

더하기의 불확실성

'100만 원으로 100배 벌기'

'돈 한푼 없이 시작해서 억대부자 되기'

이 제목만 보면 모두들 혹할 것이다. '정말? 나도 부자가 될 수 있는 거야?' 이런 생각이 드는 동시에 그 책을 집어들 것이다. 목적은 하나이다. 자신도 그렇게 해서 손쉽게 돈을 벌고 싶기 때문이다.

주변을 돌아보면 너무도 많은 더하기 정보들이 난무한다. 누가 어떻게 해서 돈을 벌었다더라, 어떻게 하면 단기간에 돈을 많이 번다더라, 난 이렇게 해서 부자가 되었다 등등 사람들을 현혹하곤 한다. 물론 그중 몇 사람의 성공이 있었다. 그런데 그게 과대포장이 되고 사람의 욕심을 자극하기 때문에 사람들은 수입을 더하고 싶어한다.

그러나 더하기는 불확실하다. 또한 제한적이다. 당신이 일하고 있는 곳에서 나오는 수입이 확실한 것이라고 누가 장담할 수 있겠는가. 오늘 오후에라도 일이 생겨 해고당할 수 있고 갑작스런 사고로 수입이 끊길 수 있다. 반면 지출은 무한대이고 확실하다. 월급 받으면 돈 나갈 곳이 줄줄이 대기하고 있고 그것은 너무 확실하다.

그런데도 사람들은 불확실한 더하기에 목을 매고 있다. 세상이 돈의 화려함을 전면에 배치하기 때문이고 여러 매체와 전파를 통해 끊임없이 '돈은 훌륭한 것이다, 없으면 큰일난다'라며 으름장을 놓기 때문이다. 또한 수많은 돈 더하기 전문가들이 유혹한다. '이렇게 하면 몇 배는 번다' '지금이 투자 적기다'라는 말들로 판단능력을 흐려

놓기 때문이다. 정작 본인들도 모르면서 말이다. 그러다 보니 그것이 탐심을 낳고 탐심은 사람을 거꾸러뜨린다.

한 부자가 있었다. 그 부자는 많은 땅을 소유하고 있었는데 밭에서 나온 소출이 풍성하여 은근히 고민이 되었다.

'아… 어쩌지? 이렇게 소출이 많으니 곡식을 쌓아둘 곳이 없네. 어떻게 해야 하나?'

그러자 부자는 한 가지 결심을 한다. 지금 있는 곳간을 헐고 더 크게 지어 모든 곡식과 물건을 거기다 쌓아두기로 한 것이다. 이러한 상상을 하니 어깨춤이 절로 나왔다.

"하하… 여러 해 쓸 물건을 많이 쌓아두었으니 이제부터는 평안한 일만 남았다. 이젠 계속 쉬면서 먹고 마시고 즐거워해야지."

그런데 그날 밤 꿈속에 천사가 나타나 그 부자에게 말한다.

"어리석은 자여 오늘밤에 네 영혼을 도로 거두어 간다면, 네가 그동안 준비한 것이 누구의 것이 되겠느냐. 자기를 위하여 재물을 쌓아두고 부유하지 못한 자가 바로 너와 같으니라."

꿈에서 깬 이 부자는 더하기의 불확실성을 확실히 깨달을 수 있었다.

나는 더하기형 인간인가 빼기형 인간인가?

수입(소득) +

지출(경비) −

방법
1. 백지 한 장을 준비하여 더하기 항목(소득)에 대해 적어 보도록 한다.
2. 이제 빼기 항목에 대해 적어 본다.
   당신이 번 돈으로 일상적으로 쓰고 있는 지출항목이다.

결과
빼기 항목을 100가지 이상 쓰지 못한 경우 ···▶ 더하기형 인간
빼기 항목을 100가지 이상 쓴 경우 ···▶ 빼기형 인간

◉ 더하기형 인간 : 돈을 버는 데 모든 생각이 집중되어 있다. 어떻게 하면 돈을 더 벌
   수 있을까, 어디 투자하면 수익률이 높을까, 어디 투자해야 빨리 많이 벌 수 있을
   까를 생각한다. 대부분의 사람이 더하기형에 속한다. 모든 사회 시스템도 더하기
   에 집중하고 발전되어 왔다.

◉ 빼기형 인간 : 불확실한 수입에 의존하기보다 지출에 많은 관심을 가지고 절약하
   려고 노력한다. 빼기는 자신이 조절할 수 있기 때문이다. 어떻게 하면 줄일까, 가
   정의 지출을 꼼꼼히 따져 보고 가계부도 적는 형이다. 또한 앞일에 대해 걱정하며
   준비하는 형이다.
   대표적 인물 – 록펠러(꼼꼼히 돈을 관리한 것으로 유명함)

자, 눈을 감고 생각해 보자.

지금 현관문을 나와 밖으로 나온다. 그리고 주위를 돌아본다.

상가, 식당, 자동차, 버스… 슈퍼마켓… 모두가 당신의 돈을 원하고 있다.

어디 한 곳이라도 당신에게 돈을 주겠다고 하는 데가 있는가?

이 무수한 마이너스(빼기)들이 당신의 더하기를 위협하고 있다.

반면에 당신의 더하기(소득)는 몇 개 없다. 달랑 하나, 급여인 경우가 많다.

한 개의 더하기로 무수한 마이너스를 막아내야만 한다.

3— Money Manager의 직무유기

직무유기죄

　　자신이 해야 할 일을 회피하거나 하지 않았을 때 '직무유기'라고 한다. 가지고 있는 재산을 잘 지키지 못하는 것 역시 돈에 대한 직무유기에 해당된다.

　창조주가 세상을 창조하신 뒤 아담에게 땅을 정복하고 다스리라 했을 때 그는 죄를 저지르며 다스리지 못한 직무유기를 범한다. 그 결과 어떻게 되었는가. 종신토록 수고하고 땀 흘려야 먹고살 수 있게 되었다. 그런데도 우리에게 풍요로움을 허락하셨고 그것을 잘 관리하도록 명령하셨다. 다시 말해 우리는 청지기, 즉 주인의 재산을 관리해야 하는 가정의 총책임자라는 말이다. 이렇듯 커다란 의무와 권한이 주어졌건만 그것을 소홀히 하여 피해를 입는 경우가 많다.

돈에 대해 고통받고 고민하는 이유를 자세히 들여다보면 대부분 그것을 잘 관리하지 못했던 것을 볼 수 있다. 평생 돈이 없어 쩔쩔매는 사람, 돈이 많았으나 순식간에 날려 재기불능 상태에 있는 사람 등등 여러 사례를 살펴보면 관리능력에 있어 큰 허점을 보이는 경우가 많다. 기본적으로 더하기 빼기의 정리가 되지 않은 인생을 그리고 있고, 더하기를 어떻게 나누어 쓸 것인지 빼기를 어떻게 줄여 소득을 발생할 것인지 전혀 생각하지 않고 외부에서 어떻게든 해결하려고 하기 때문이다.

어떤 부자에게 재산을 관리하던 청지기가 있었다. 그런데 그 청지기가 재산을 잘 관리하지 못하여 주인의 재산을 낭비한다는 소문이 들리기 시작했다. 결국 이 소문을 알게 된 부자가 청지기를 불러들였다.

"내가 듣기로 네가 재산을 낭비한다고 하니 어쩐 일이냐? 지금까지 돈의 수입 지출을 모두 셈해 보아라. 제대로 하지 않을 때 청지기를 못하게 될 것이다."

이 불호령을 들은 청지기는 마음이 심란하였다. 만약 주인이 자신을 내쫓으면 무엇을 해서 먹고살까 걱정이 태산이었다. 그러자 잔꾀를 부리기 시작한다.

'그래, 우리 주인에게 빚진 자들의 빚을 반씩 탕감해 주면 그 사람들이 나중에 나를 자신의 집으로 모셔 갈 거야.'

그러고는 주인에게 빚진 자들을 한 명씩 불러다가 빚진 것을 반씩 탕감해 주기 시작했다.

"주인에게 얼마나 빚졌는가?"

"기름 백 말이외다."

"그럼 네 증서를 가지고 와서 오십이라 쓰라."

그 청지기는 문서까지 위조하여 자신의 살 바를 챙긴다. 누가 보아도 그는 불의한 청지기이다. 그는 일단 주인의 재산을 자신의 것인 양 마구 휘둘렀으며 선한 일을 도모하지 않았기 때문이다. 물론 그의 지혜에 주인이 칭찬하기는 했으나, 주인의 막대한 재산을 관리할 자격은 박탈되었을 것이다.

우리는 물질의 청지기이다. 다시 말해 '머니 매니저(Money Manager)'라는 직책을 가지고 있다. 일반적으로 다른 매니저들은 고객의 돈 관리에 대해 100퍼센트 책임지지 않지만, 물질의 청지기로서 우리는 제대로 관리하지 못하면 그 의무를 박탈당할 수밖에 없다. 그러나 그 의무를 다했을 경우 분명히 더 많은 것으로 맡기겠다는 약속이 기다리고 있다.

선한 청지기의 삶

왜 부자가 되지 못할까 고민 중에 있다면 자신은 과연 선한 청지기인지 불의한 청지기인지 생각해 보길 바란다. 이 둘을 구분하는 일은 간단하다. 선한 청지기라면 자신이 관리하는 재산이 자신의 것만이 아니라는 생각을 가지고 조심스럽고 충성스럽게 관리를 한다. 그러나 불의한 청지기는 '있어도 내 것, 없어져도 내 것'이라는 생각 때문에 교만하고 게으르다.

우리는 야곱이라는 인물을 형의 축복을 뺏은 사기꾼으로 기억한다. 그러나 그가 형의 노여움을 사고 삼촌 라반의 집으로 도망쳤을 때 그의 삶은 바뀌었다. 아내를 얻기 위해 라반의 집에서 죽어라 일만 했던 야곱은 20년이나 삯을 받지 않고 일했다. 다시 말해 그에겐 더하기가 없었다.

그런데 그가 아내를 얻고 자식을 얻어 고향으로 떠나겠다고 하며 그동안 일한 몫을 챙겨달라고 하자 라반의 생각이 달라졌다. 라반은 전형적인 더하기형 사람에 속한다. 어떻게 하면 돈을 벌 수 있을지, 수익을 낼 수 있을지 생각했던 사람이므로 조카 야곱의 품삯을 열 번이나 바꾸었고 두 딸을 야곱에게 보내기 위해 속임수를 썼으며, 야곱이 얼룩지고 아롱진 짐승들을 건강하게 키워 떠났을 때 7일이나 그를 뒤쫓아가 죽이려 하였다. 돈에 대한 욕심과 집착이 그를 그렇게 만든 것이다.

반면 야곱은 달랐다. 그는 누구보다 착실하게 부지런히 일했다.

20년간 묵묵히 일하면서 돈에 연연하지 않았고 오히려 삼촌 라반의 재산을 착실하게 관리해 주었다. 그가 짐승을 돌보는 동안 암양 암염소가 낙태한 일이 없고 낮에 도둑맞거나 밤에 도둑맞는 일이 있을 때 야곱이 스스로 보충하였으며 더위와 추위에도 충성을 다해 재산을 관리했다. 이렇게 자신의 직무에 열심을 다한 야곱에게 지혜라는 상이 주어졌다.

짐승을 구분할 수 있는 능력이 생겼고 자신의 짐승을 튼실한 것으로 길러 누구보다 풍족한 재산을 누리게 된다. 처음부터 야곱은 더 많이 갖는 것에 연연한 삶을 살지 않았다. 오히려 자신의 처지에서 충성을 다해 물질의 청지기로서 의무를 다했더니 풍족한 재산을 안고 고향으로 금의환향할 수 있었던 것이다.

이처럼 돈은 매니지먼트를 어떻게 하느냐에 따라 부유함과 가난함이 나뉘어질 수 있다.

돈을 너무 많이 벌어 저녁마다 돈 세기에 바쁜 변호사가 있었다. 날마다 돈다발에 싸여 행복한 비명을 지르던 그였지만 그 모습을 불만스럽게 지켜본 사람은 다름 아닌 아내였다. 어느 날 아내가 남편을 바라보며 차갑게 말했다.

"내가 원한 건 가정의 행복이지 돈에 중독된 껍데기가 아니에요."

이런 말을 남기며 친정으로 떠나버렸다. 떠난 아내의 뒤를 돌아보던 남편은 너무도 충격을 받았다. 그러나 이내 그동안 자신이 얼마나 돈에 중독되어 살았는지 깨달을 수 있었다. 다음 날 처갓집으로 아내를 찾아간 남편은 용서를 빌며 이렇게 선언했다.

"그동안 내가 얼마나 돈의 노예로 살았는지 이제야 알 것 같소. 이젠 돈의 노예가 되는 대신 이 재산을 함께 나누는 데 청지기가 되겠소."

남편과 아내는 그 길로 아프리카로 떠났고 가난한 사람들을 위해 집을 지어주기 시작했다. 이제 그가 가진 재산은 그의 것이 아닌 모두의 것이 되었으므로 그 재산으로 많은 이들의 집이 지어졌고 그 부부는 행복을 찾았다. 그 변호사는 바로 '사랑의 집 지어주기 운동본부'의 창시자인 미국의 밀라드 플러이다. 그는 공유의 청지기가 되어 세계 곳곳에서 5만여 채의 집을 지어주고 있다.

실천 Tip 돈 관리에 대한 직무유기 테스트

가고 있는 길의 끝은? 하나를 선택하세요.

① 미래에 대해 구체적인 계획 없이 그때그때 즐기며 산다.

② 막연하나마 미래를 걱정만 하고 계획적인 삶을 못 살고 있다.

③ 미래의 비전을 가지고 그 비전에 모든 것을 걸고 도전하고 있다.

④ 행복한 가정과 필요한 자금에 대해 생각하고 있고 계획대로 욕심내지 않으며 착
실하게 살아간다.

결과

① 가까운 미래 아니 지금 현재 돈에 정복당하여 돈에 끌려가는 삶을 살게 될 가능성
이 크다. 돈이 노리는 제일 쉬운 상대이다. 결혼을 하지 않았다면 다행이고, 결혼
을 했다면 지금 당장 미래를 직시하고 가족을 돌아보아야 한다. 당신으로 인해 가
족이 고통 속에 살아갈 확률이 크다. 완전한 자산관리에 대한 직무유기이다.

② 당신은 가능성이 있다. 하지만 걱정만 하고 시간만 보낸다면 실패한다. 당장 미래
를 설계해야 한다. 그러면 당신과 가정은 재무적인 위험에서 벗어날 수 있다.

③ 미래의 비전에 모든 것을 걸고 도전한다는 것은 아름다운 것이지만 가족이라는
현실의 벽이 있다는 사실을 잊지 말아야 한다. 도전에는 많은 경제적 위험이 따른
다. 만약 실패하면 소중한 가족이 경제적으로 고통을 받게 된다. 그러니 최소한 가
족을 위한 안전장치를 당장 해놓아야 한다. 개인뿐만 아니라 가정의 위험이 전혀
분산되지 않은 'all or nothing' 인생이다. 특히 중소기업을 운영하는 사업자가
이 경우에 많이 해당하는데 사업과 가정은 완전히 재무적으로 분리시켜 놓아야
한다. 많은 중소기업 사장들이 사업에 부도가 나서 가정이 파괴되고 길거리에 나
앉게 되는 경우가 여기에 속한다.

④ 가장 행복한 가정의 모습이라고 할 수 있다. 최소한 돈으로부터 자유로운 가정이
될 것이다. 행복한 가정을 위한 필요자금을 생각하고 계획대로 욕심내지 않고 산
다는 것은 경제적으로 자유로운 삶을 살 수 있는 자질이다. 그러나 보다 안정적인
삶을 살기 위해 전문가와 상의하여 효과적인 자산관리를 하는 것도 좋을 것이다.
또한 당신의 꿈을 가족과 반드시 공유해야 한다.

자산관리 전문가들과의 올바른 상담 요령

현재 많은 사람들이 자산관리를 이야기하며 활동하고 있지만 주로 회사에 속해 있는 전문가들이 주를 이루고 있고 최근 들어서는 보험업계를 중심으로 독립 판매 대리점에 속한 사람도 있다. 은행에서는 프라이빗 뱅커(PB)라고 하는 전문가들이 고액자산가들을 위해 종합자산관리를 하고 있고, 증권회사에서도 웰스 매니저(WM)가 있고 보험회사에서는 FP/FC(재무설계사, 재정설계사)라고 하며 개인 자산관리 활동을 하고 있다.

현재 공인된 재무설계 자격증이 많이 있으나 국제적으로 인정받는 것은 국제공인 재무설계사이다. 현재 우리나라에서 은행·증권·보험 회사를 중심으로 이 자격증을 가진 전문가를 양성 중에 있다. 영어로는 CFP(Cerified Financial Planner)라고 하며 현재 우리나라에는 2,000명 정도의 CFP자격자들이 활동 중이다.

자산관리 전문가와는 어떻게 상담해야 할까. 우선 많은 전문가들 중에서 행복한 미래를 이야기하기보다는 행복한 미래로 가기 위해 반드시 제거해야 할 지뢰들을 이야기하는 전문가가 필요하다. 불행히도 우리 사회에는 마이너스 전문가가 흔치 않다. 따라서 당신이 먼저 마이너스 전문가가 되어야 한다.

전문가들과 상담시 확인해야 하는 것들은 다음과 같다.

1. 이 책에서 이야기하는 것처럼 나의 미래에 대해 전반적으로 상담을 하는가?

미래의 이벤트를 정하고 그것을 동시에 준비하는 것이 필요하다. 인생의 돈 문제는 하나씩 오는 것이 아니라 한꺼번에 올 수 있기 때문이다. (이벤트에 대한 상세한 언급은 뒤에 나옴)

2. 상품의 포트폴리오가 너무 한쪽으로 치우쳐지지 않은가?

우리가 준비해야 할 이벤트별로 거기에 합당한 상품들이 있다. 이벤트 가짓수는 많은데 하나의 상품이나 몇 가지 상품으로 준비하는 것은 부족하다. 반드시 통장 쪼개기를 하는 것을 명심해야 한다.

3. 항시 복수로 상담을 받아보아야 한다.

현재 우리나라는 상담료를 주고받는 시장이 아니라 상품판매 수수료로 상담료를 갈음하는 구조이다. 변호사처럼 합당한 대가를 지불하면 고객을 위해 100퍼센트로 상품제안을 하겠지만 그렇지 않을 경우 자사제품 위주의 상품선정과 높은 수수료 상품의 판매 확률이 높을 수 있기 때문이다. 하지만 많은 CFP들은 엄격한 윤리 규정을 통하여 고객 편에서 일하고자 노력하고 있다. 그러므로 은행·증권·보험 등의 전문가와 상담하여 상호 제안상품의 비교를 통해 결정해야 한다.

4. 전문가들의 상담 내용을 100퍼센트로 믿으면 안 된다.

확정금리 상품 외에는 미래의 수익이 불확실한 것이다. 투자의 책임은 결국 고객이 져야 하기 때문에 투자상품 시 반드시 위험에 대해 알아야 하고 그 위험을 감수해야 한다. 투자상품의 경우 미래의 수익을 예측하는 것이 불가능하고 단지 높은 수익을 얻기 위해 노력할 뿐이다.

4 — 수익률이 최소한 100퍼센트 보장되어 있다

여기 한 억울한 사람이 있다. 그는 다른 두 명과 함께 먼 곳으로 떠나는 주인에게 재산을 받았다. 다녀올 동안 재산을 잘 관리해 달라는 부탁을 받은 것이다. 사실 그는 다른 사람에 비해 적은 재산을 배당받았다. 다른 친구들이 5달란트 2달란트를 받았지만 그는 1달란트였다.

주인은 떠났고 두 명의 친구들은 그 재산을 어떻게 할 것인지 호들갑스럽게 연구하더니 장사를 하겠다고 했다. 이에 그 사람은 생각했다.

'장사? 만약 그랬다가 수익이 나지 않으면 어쩌지? 그래, 우리 주인은 심지가 굳은 분이니까 심지도 않은 데서 거두어들이고 씨 뿌리지 않은 곳에서 거두어들이는 분이야. 그러니 차라리 땅에 묻어 놓고 그대로 드리자.'

그런데 그의 판단은 완전히 잘못된 생각이었다. 여행에서 다녀온 주인이 그에게 불같이 화를 낸 것이다. 불의하고 게으른 종이라면서 아무 일도 하지 않은 그 사람을 무섭게 다그치며 가지고 있던 달란 트까지도 모두 뺏어버린 것이다.

그는 억울했다. 만약 자신이 장사를 하여 가지고 있던 돈까지도 잃었다면 어떻게 되었을지 주인이 전혀 생각하지 않는 것 같았기 때문이다. 친구들을 찾아간 그는 자신의 억울함을 호소했다. 그러자 그의 달란트까지 갖게 된 친구가 이런 대답을 했다.

"이보게, 주인님이 우리에게 재산을 맡기셨을 때는 당연히 잘될 것이기 때문에 믿고 맡기셨던 것이네. 우리는 그저 주인의 뜻대로 열심히 일해서 수익을 내면 되는 거였지."

성경을 읽다 보면 물질의 축복을 받은 사례가 많이 나온다. 그런데 그 물질의 복이 연 5퍼센트 정도의 쨰쨰한 것이 아니다. 앞의 사례에 나온 달란트 이야기에서 알 수 있듯 수익률이 최소한 100퍼센트, 즉 두 배였다. 당시의 화폐 단위로 볼 때 많은 양의 재산이다.

은 열 므나에 대한 비유에는 엄청난 수익률 이야기가 나온다.

한 귀인이 왕위를 받기 위해 먼 나라로 갈 때 열 명의 종에게 은 열 므나를 주며 장사하라고 했지만, 세 명만 한 므나씩을 받았고 나머지 일곱은 그가 왕 되는 것을 미워하여 아무 일도 하지 않았다. 그런데 세 명의 종 가운데에 한 사람은 한 므나로 열 므나를 남겼고 또 한 사람은 한 므나로 다섯 므나를 만들었다. 그러나 나머지 한 사람 역시 달란트의 하인과 마찬가지로 한 므나를 수건으로 싸서 보관하여 그대로 내놓았다. 당연히 마지막 하인 역시 게으른 종이 되어 귀인의 왕위를 못마땅하게 여기던 나머지 사람들과 함께 비난을 받게 된다.

이 이야기에서는 한 므나로 열 므나를 만들었으므로 수익률 900퍼센트 가까이 된다. 엄청난 축복이 아닐 수 없다.

이처럼 우리에게 주어질 물질의 복은 최소한 수익률 100퍼센트 이상이다. 어떻게 수익을 만들어 낼까 고민할 필요는 없다. 달란트와 므나에서 나왔듯 하인들이 주인이 예비해 놓은 전술을 이용하여 수익을 냈던 것처럼, 충성으로 관리할 마음만 준비된다면 뒷일은 이루어지기 때문이다. 다만 수익률에 미치지 못한 1달란트 1므나의 게으른 관리자들에게는 있는 것마저도 뺏어간다는 사실을 잊지 말아야 한다.

기쁨의 아들 이삭은 부유한 환경과 상속자의 신분에도 열심히 일을 하여 1년 안에 100배나 소득을 증가시켰다. 자신을 공격하고 억압하는 이방인들의 방해에 저항하지 않고 믿음으로 우물을 판 결과 100배의 수익을 낼 수 있게 된 것이다.

물질의 축복은 상상을 초월한다. 물질의 축복은 무한대가 될 수 있다. 참으로 다행 아닌가. 가장 적은 것으로 맡겨진 자산을 무한대의 축복으로 되받는 특권이 있으니 말이다. 그러니 돈이 맡겨졌을 때 적은 수익률을 생각하는 것 또는 지레짐작으로 손해볼 것을 예상하는 것 자체가 자신에게 주어진 특권을 무시하는 것이다.

5 — 돈의 마이너스 속성

한번은 회사 엘리베이터를 탔는데 유니폼을 입은 여성 몇 명이 함께 타게 되었다. 점심을 먹으러 가는지 그녀들은 밝아 보였다. 그런데 그중 한 여성이 다른 여성의 목에 둘러진 스카프를 보면서 예쁘다며 언제 샀느냐고 물었다. 그러자 그 여성의 입에서 이런 말이 흘러나왔다.

"그게… 나도 몰라. 나는 살 마음이 전혀 없었는데 카드에 발이 달렸나 봐. 저절로 빠져 나와서 이걸 사버린 거 있지?"

그 여성의 황당한 대답에 엘리베이터 안에 있던 사람들 모두 웃은 것은 물론이고 돈이라는 것이 정말 무서운 거라는 생각이 들었다.

돈에 대한 강의를 하면서 가장 많이 강조하는 이야기는 하나이다. 돈을 몰라도 너무 모른다는 것이다. 이 이야기를 듣는 많은 사람들은 고개를 갸웃한다. 자신이 웬만큼 돈을 안다고 생각하기 때문이다. 그런데 불행히도 우리는 돈에 대해 잘 알지 못한다. 그래서 많이 속고 많이 동경하는 것이다. 돈의 양면성에 대해, 즉 돈이 더하기 빼기의 양면성을 가지고 있음은 2장에서 알아보기로 하고, 여기에서는 돈이 가지고 있는 열 가지 속성에 대해 살펴보고자 한다.

돈이 살아 있다?

살다 보면 돈이 저절로 지갑에서 빠져나와 뭔가를 사는 경험을 하게 된다. 사실 돈은 물질이라는 수동적인 형태이다. 그러나 지갑 속에 있는 지폐나 수표, 동전, 아니면 은행 통장에 찍혀 있는 숫자에만 그치지 않는다. 죽어 있는 존재가 아니다. 우리 마음대로 할 수 있는 게 아니다.

살기 팍팍했던 시절 어머니께서는 월급을 손에 넣으시면 입에 달고 하셨던 말씀이 있었다. '이놈의 돈, 돈에 발이 달렸나? 분명히 지갑에 돈이 있었는데 이거 다 어디로 도망갔노.'

그 당시 돈에 발이 달렸다니 말이 안 된다고 여겼으나 살다 보니 그 말을 절감하게 된다. 이처럼 돈은 무생물 같아 보이지만 실제로 살아 움직이며 생명력 있게 사람의 삶을 좌우하기 때문에 더욱 조심스러울 수밖에 없다.

미하엘 코르트가 지은 『비움』이란 책에 보면 문학 작가인 베르톨트 브레히트가 했던 말이 나오는데 많은 사람들이 이처럼 돈의 생명력을 이야기하고 있다.

'돈이란 신비하고 기괴한 물질이다. 돈은 살아 있다. 생명과 건강을 걸고 수고해서 얻고 도둑맞지 않게 지켜야 한다. 때론 돈은 수수께끼처럼 스스로 많아지다가도 금방 사라지지만 사람들은 돈이 없는 이유를 잘 모른다.'

돈은 중독된다

하루 종일 TV 앞에 앉아 있거나 인터넷 쇼핑몰을 전전하는 사람들의 모습을 종종 보았을 것이다. 그들에겐 공통적으로 나타나는 모습들이 있다. 하루 종일 리모콘이나 마우스를 움직이며 불안해 하고 항상 카드를 손에 쥐고 있다. 또한 화면을 응시하는 눈빛에는 긴장과 불안 두려움 안식이 공존한다. 화장실에 갈 때는 잠깐 광고가 나오는 시간으로, 그들은 요의(尿意)까지도 광고에 맞춰 조절하며 돈 쓰기에 나선다.

이 사회는 너무도 많은 매체들이 돈 이야기를 떠들어대고 있다. 화려한 광고와 카피를 통해 사람들의 마음을 조종하고 있다. '이래도 안 살 거야?' '이거 안 사면 큰일 나.' '이 정도는 써 줘야 성공한 사람이지.' 등등 자본주의 사회에서 돈은 삶의 최고 수단으로 빛나는 것을 지나쳐 사람들을 중독시킨다.

특히나 돈 쓰는 재미에 중독되면 가정은 파멸한다. 돈 쓰는 재미에 중독되면 자기 자신은 물론 범행까지 저지르는 무서운 결과를 낳기도 한다. 어떤 청년은 미용실에서 보조 미용사로 일하면서 강남의 화려한 사람들에게 부러움을 느꼈다. 그는 항상 채워지지 않는 부자에 대한 욕망을 명품을 구입하는 것으로 달랬고, 그것은 점점 중독으로 빠져들었다. 그러자 얼마 되지 않은 월급으로 카드 빚을 메우기조차 어려워졌고 빚은 눈덩이처럼 불어났다. 그런데도 그는 명품 사들이는 것을 멈추지 못했다. 그러다 결국 친구와 범행을 공모, 강남에 사는 한 여대생을 납치하여 몸값 1억을 뜯어내고 여학생도 살해했다. 결국 범행이 드러나 검거되는 과정에서 그의 허름한 자취방에 흩어져 있는 명품 가방, 명품 액세서리가 발견되었다.

뿐만 아니다. 홈쇼핑으로 하나둘 물건을 사기 시작한 어떤 주부는 별다른 취미생활 없이 살다 보니 TV 보는 게 취미가 되어 버렸다. 그리고 홈쇼핑에 서서히 중독되기 시작했는데 하루 종일 리모콘을 들고 앉아 있는 게 일이 되었다. 아이들이 학교에서 돌아와도 그녀의 쇼핑 중독은 계속되었고 새벽에도 몰래 TV를 보며 물건을 주문하기에 바빴다.

그녀의 창고에는 포장을 뜯지도 않은 물건들이 잔뜩 있었고 가정경제는 완전히 바닥이 나 버렸다. 이제 명품에까지 쇼핑 중독이 된 그녀, 결국 그녀는 중독치료센터로 보내졌는데 불행히도 엄마의 쇼핑 중독증은 딸에게까지 영향을 미쳤다. 중학생밖에 되지 않은 딸이 이제 아빠의 카드를 몰래 빼내 인터넷 쇼핑을 하는 등 소비 중독에 이르게 된 것이다.

돈 쓰는 것 못지않게 돈 버는 것에 대한 중독성도 심각하다. 자산관리를 하면서 알게 된 한 할아버지는 평생 돈 버는 일에만 열중하셨던 분이다. 이미 수백억 재산을 가졌는데도 아직도 어떻게 하면 돈을 더 벌까 하는 생각에만 빠져 있어 천 원짜리 한 장 쓰는 것도 벌벌 떤다. 게다가 혹시 누가 훔쳐가지는 않을까 노심초사하여 그 집의 방범 시스템은 청와대 방범 못지않을 정도이다. 어디 그뿐인가, 돈 많은 아버지를 둔 자식들은 아버지와 반대로 어떻게 하면 아버지 돈을 빼 낼지 혈안이 되어 있었다. 이미 그들은 부모 자식 간의 관계가 아닌 돈 주고 돈 얻어 쓰는 관계가 되는 불행한 일이 벌어진 것이다.

이처럼 돈은 버는 것과 쓰는 것 모두 중독성이 강하다.

돈은 사람을 속인다

어떤 사람이 로또에 당첨되어 어마어마한 당 첨금을 받게 되었다. 보통 사람들 같았으면 당장 은행으로 찾아가 당첨금을 받아 어떻게 쓸 것인지 즐거운 고민을 했을 것이다. 그런 데 그는 열흘이 지나도 은행을 찾지 않았다. 그리고 열흘 뒤 그 사람 이 은행에 나타났다. 행원들은 열흘이나 지나서 온 그에게 일제히 관심을 보였다. 마침내 그가 입을 열었다.

"열흘 동안 돈을 받아야 하는지 말아야 하는지 고민을 많이 했습 니다. 이 많은 돈을 받으면 지금까지의 제 삶과 완전히 바뀌게 되는 건 아닐까 걱정이 되었으니까요. 돈이 사람을 속이는 것을 무수히 보아왔습니다. 제가 로또에 당첨된 것은 아주 우연한 일이었지만 많 은 분들이 이 복권에만 목숨을 걸기도 하고 당첨이 빗나가게 되면 돈이 자신을 속인 것조차 모른 채 살아가는 모습을 보았습니다. 그 래서 돈을 포기할까도 심각하게 고민했어요. 그런데 결론은 이 돈을 살리는 데 쓰겠다는 겁니다. 돈이 사람을 속이지 못하게 말이지요."

이 이야기가 지어낸 것이라고 생각하는가. 아니다. 실제 영국에서 있었던 어느 로또 당첨자의 이야기를 재구성한 것이다.

우리 옛말에도 '돈이 거짓말하지 사람이 거짓말하냐'는 말이 있다. 돈이 거짓말을 한다는 것은 돈에 대해 생명력을 불어넣고 있다는 것을 알 수 있다. 또한 돈이 거짓말을 하여 사람을 속인다는 의미도 있다.

흔히 큰돈을 벌려고 하는 사람들의 경우를 보면, 로또나 경마 도박 경륜 등에 빠져 헤어나오질 못한다. 돈이 사람을 속이기 때문이다. '이번에 해 봐. 분명히 딸 거야.' '아니야, 이번보다 다음에 돈이 더 커. 분명히 넌 될 거야.' 이렇게 속삭이는 것이다.

한 유명 연예인이 1,034억 다단계 사기사건에 연루된 일이 있었다. 그 탤런트는 고액 배당을 미끼로 하여 다단계 방식으로 투자금을 모았다. 이 사람은 성인오락기 사업에 투자하다가 투자가 중단됐는데도 계속 투자할 사람들을 모은 것이다. 게다가 범행의 대담함은 더해져서 전국을 돌며 투자 설명회를 여는 등 자신의 높은 지명도와 높은 배당금으로 속이다가 잡혔다고 한다.

돈의 거짓과 사기성은 갈수록 도를 더해간다. 경제사건으로 꽤나 굵직했던 제이유 사건 역시 돈이 사람을 속이고 있다는 것을 알 수 있는 사건이다. 제이유 네트워크는 정계·재계·검찰 등의 인사들과 가족들을 비롯하여 34만 명이 속아 넘어간 4조 원에 달하는 사상 최대 사기사건이다. 34만 명이라는 어마어마한 숫자가 속아 넘어간 것을 봐도 돈에 대해 많이 알고 있다고 자부하는 사람들도 돈의 속임수에 대해 경계를 하지 않을 수 없다.

이러한 돈의 속성 때문에 돈은 자신의 좋은 점을 부각시키고 쉽게 얻을 수 있을 것처럼 사람들을 속여 파멸에 이르게 하기도 한다.

돈은 스스로 성장한다

돈은 스스로 성장한다. 시간에 따라 쑥쑥 크는데 성장에는 두 가지가 있다. 하나는 정상 성장, 또 하나는 기형적 성장이다. 정상적인 성장은 시중에 나온 금융상품들로 돈을 저축하거나 투자하면 이자나 수익이 발생하여 성장하는 것을 말한다.

문제는 기형적 성장이다. 돈을 빌리거나 사채를 쓸 때 내는 이자는 저축할 때 받는 것보다 크고 특히 사채 이자는 눈덩이처럼 불어난다. 수많은 경제사건 사고에서 사채 때문에 장기가 암암리에 팔려나가고 사람이 죽는 등 심각한 경우를 보지 않았는가.

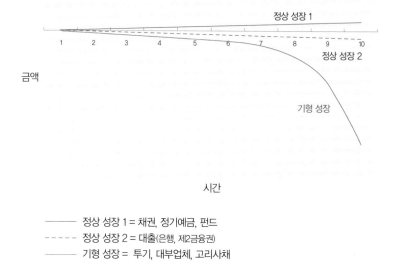

정상 성장 1

금액

시간

정상 성장 1 = 채권, 정기예금, 펀드
정상 성장 2 = 대출(은행, 제2금융권)
기형 성장 = 투기, 대부업체, 고리사채

그림에서 보듯 은행에 예금하거나 투자를 하게 되면 수익이 발생하여 성장하게 되고, 대출을 받으면 대출 이자를 내야 하기 때문에 마이너스 성장이 일어난다. 그러나 고리사채와 같은 돈을 빌리게 되면 기하급수적으로 기형 성장이 일어나는 것을 볼 수 있다. 상황이 이렇게 되면 원금보다 몇 배 늘어난 이자를 갚기 불가능할 뿐만 아니라 돈의 위력에 사람이 눌려 버려 자포자기하게 된다.

30대 한 가장이 사채에 손을 댔다가 갚지 못하여 일가족과 함께 자살을 기도한 사건이 있다. 한 달에 30만 원씩 불어나는 이자를 감당하지 못한 그는 사채업자에게 돈을 빌려 돌려막다가 결국 눈덩이처럼 불어난 이자와 원금을 감당 못해 죽음을 선택한 것이다.

뿐만 아니라 불법 고리사채는 이제 중고생에게까지 뻗어가고 있다. 얼마 전 중학생 아이가 휴대전화를 이용하여 10만 원을 대출받은 일이 있었다. 아이는 우연히 휴대전화 소액 결제 대출 사이트를 이용하면서 선이자로 무려 5만 원을 떼고 5만 원을 대출받아 쓴 것이다. 한 달에 40~50퍼센트의 살인적인 고이자를 선이자로 떼며 아이는 돈을 써갔고 그 돈은 엄청나게 불어났다. 불법인데도 거리낌 없이 행해지고 있는 것이다. 이러한 돈의 기형적인 성장을 통해 아이들부터 노인에 이르기까지 고통에 신음한다. 그것은 개인뿐 아니라 가정과 사회로 번져나가 더 이상 막을 수 없는 커다란 상처를 내고 있다.

한 인기 연예인의 자살이 사회적인 큰 파문으로 이어진 사건이 있었다. 이 사건에 대해 많은 이야기가 있지만 결국은 돈과 관련된 문제로 인해 삶을 포기하였을 것이라고 보인다. 사채나 빚이 얼마나 무서운지 여실히 나타내 주는 사건이라고 할 수 있겠다.

이처럼 더하기의 화려함을 쫓아가다 실패하게 되면 모든 문제가 한꺼번에 들이닥친다. 그 무거운 삶의 무게와 캄캄함이 사람을 극단으로 몰고 간다. 특히 돈은 파괴의 속성이 있어 사람을 멸망하게 한다. 항상 자신의 처지에 맞는 생활과 미래의 위험에 대비하는 삶이 되어야 하겠다.

돈은 부패성이 있다

어린아이가 돈 세탁 운운하는 뉴스를 보다가 묻는다. "아빠, 돈이 그렇게 더러워? 돈을 세탁기에 넣고 빨아야 되는 거야? 이상하다… 돈 넣고 빨면 다 찢어지는데…."

당신이라면 이 질문에 대해 뭐라 대답하겠는가.

물이 고이면 썩는다는 말이 있듯이 돈도 고이면 부패하는 속성이 있다. 돈이 고여 있는 곳은 교만과 음란 방탕이 난무한다. 뿐만 아니라 고인 돈들이 각종 거래를 통해 권력과 결탁하고 뇌물수수 등 부정과 부패의 온상이 되고 있다.

열심히 노력하고 서로 사랑하며 살던 부부에게 어느 날 돈이 많이 들어오자 긴장을 놓은 남편은 외도를, 부인은 사치를 일삼으며 가정의 불화가 시작되었다. 그러자 그들은 조금 부족했지만 사랑하며 살 때가 좋았다며 뒤늦게 후회를 한다. 실제 이러한 가정이 주변에 너무도 많다. 이 말은 무엇인가. 돈이라는 것이 많아지고 고이면 삶을 부패하게 만들 위험도 그만큼 크다는 말 아니겠는가.

매일경제 | 기사입력 2008.07.17 04:10

〈신문자료〉

돈·성공이 최고인 부모의 분신 '스포일드 키드'

사례 1   "선생님이 날 때려? 못 참아!"

지난 5월 한 초등학생이 자신을 꾸짖는 여교사를 폭행한 사건이 뉴스에 오르내렸다. 해당 교사는 입 주위가 찢어져 여섯 바늘을 꿰맸고, 정신적 충격으로 한동안 출근을 못했다고 한다.

그러나 이제 이런 아이들의 모습은 사람들에게 더 이상 낯설지 않다. 경제적으로는 과거보다 몇십 배 풍요로워졌지만 풍요의 과실을 따 먹고 자란 아이들은 타인에 대한 배려나 공동체 의식이 결여된 '스포일드 키드(Spoiled Kid)'로 자라고 있다. 스포일드 키드들이 사건을 저지를 때마다 '충격적'이라고 말하지만 별다른 대책 없이 방치하고 있다.

사례 2   "싸구려 과자는 입에 안 맞지"

최근 서울 강북권에 살다가 강남으로 이사 온 30대 주부 박모씨(34)는 성당에 다녀온 초등학교 아이들이 성당에서 수녀님들이 나눠준 간식을 길에 버리는 것을 보고 큰 충격을 받았다.

박씨는 모른 척 지나갈까 했지만 아이들을 붙잡고 왜 뜯지도 않은 간식을 버리느냐고 물었다.

아이들은 '저런 싸구려 과자는 입맛에도 안 맞고 몸에도 안 좋아서 먹기 싫다'고 대답하고 지나가 버렸다.

박씨는 '내 아이는 저렇게 키우지 말아야지' 하면서도 등골이 서늘해졌다고 토로했다.

'스포일드 키드(Spoiled Kid)' ·······
문자 그대로는 '버릇없는 아이' '응석받이' 정도다. 하지만 스포일드 키드의 범위는 날이 갈수록 넓어지고 있다. 버릇없거나 예의 없는 수준이 아니라 범죄와 폭력으로까지 연결돼 사회적 문제가 되고 있는 것.
그러나 이를 적극적으로 교화해야 하는 가정과 학교가 제구실을 하지 못하면서 스포일드 키드는 자신도 모르게 가해자가 되거나 피해자로 전락하고 있는 상황이다.

방심하면 돈은 보복한다

"뭐라고요? 계약이 안 됐다니요. 분명히 계약서 보고 도장까지 찍었는데….”

울상이 된 B씨는 전화를 받고 주저앉아 버렸다. 어렵게 마련한 돈으로 상가 하나를 장만해서 이제 편하게 장사를 해볼까 꿈에 부풀어 있던 B씨였다.

여러 곳을 보러 다니다가 가장 마음에 들고 몫에 비해 가격도 저렴하게 나와서 무턱대고 계약한다고 달려든 게 잘못이었을까. 뒤늦게 자신이 작성한 계약서를 들고 나가 보니 이중계약이 되어 있었던 것이다. B씨는 자신의 가슴을 치며 한탄했다. 계약을 하기 전에 주변에서 서류상으로 하자가 없는지 알아보라는 권유를 그냥 지나쳤던 게 잘못이었다. 계약을 함과 동시에 상가는 내 것이며 별일 없이 어떻게 잘되겠지 방심하고 있었던 게 화근이다.

돈은 항상 그 행보를 예의주시해야 한다. 조금만 그것에 대해 방심하고 있으면 보복하기 때문이다. 돈 거래에 있어서 발생하는 계약서 내용, 권리채무 관계, 보증 관계 등 정말 세밀하게 살펴봐야 할 것에 대해 우리는 너무 방심한다. 이제는 워낙 많은 사례를 접하고 있기 때문에 꼼꼼하게 살핀다고 하지만 여전히 의외의 함정이 많은 게 현실이다.

이렇게 방심하다가 당하는 돈의 보복은 엄청난 손해를 가져온다.

한 가정이 완전히 날라가기도 하고 어떤 경우 회사가 부도를 맞기도
한다.

돈은 분명히 사람에게 경고를 한다. '당신이 지금 얼마가 연체되
고 있으니 조심하라.' '카드가 한도액을 넘어섰으니 알아서 하라.'
그런데도 어떻게든 되겠지, 다음 달에 채워 넣으면 되겠지, 별일이
야 있을까 손 놓고 방심하다 보면 돈은 반드시 뒤통수를 친다는 사
실을 기억해야 한다.

돈은 무조건 자신을 믿게 한다

돈은 자신이 우상화되는 것을 좋
아한다. 그래서 세상에서 가장 최고의 권력을 지닌 것처럼 행동하게
만들고 우러러보게 한다. 주변을 돌아볼 때 돈 돈 하는 사람들을 살
펴보라. 대부분 그 사람의 행동 뒤에는 돈이 웃으며 권력을 장악하
여 사람을 조종하고 있다.

김 사장이라 불리는 사람이 있다. 그는 아무도 믿지 못한다. 그가
믿는 것은 그가 벌어들인 '돈'뿐이다. 그는 돈에 대한 맹신이 도를
지나쳐 '눈에 보이는 돈을 믿지, 사람은 안 믿어'라는 말을 떠들고
다녔다. 그의 주변에는 아무도 남아 있지 않았다. 간혹 찾아오는 친
구들이 있긴 하다. 돈을 빌리기 위해 찾아오는 친구들이건만 그는
그 친구들의 비굴한 모습을 바라보며 '거봐, 돈밖에 믿을 게 없잖

아' 하며 비아냥거렸다.

세월이 흘렀다. 수십 년 참고 살던 부인은 자녀들이 결혼하여 독립하자 이혼서류를 내밀었고 돈에 눈이 먼 아버지 밑에서 지겹도록 돈 얘기만 듣고 자란 자녀들은 아버지 얼굴조차 보길 꺼려했다. 이제 김 사장에게 남은 것이라곤 두둑한 통장뿐이었다. 그래도 그는 자신이 돈을 쥐고 있는 한 모든 게 해결될 거라 생각하고 있다. 오늘도 그는 장판 밑 금고 가득히 쌓여 있는 돈을 보며 말한다.

"세상 뭐 있어? 돈이면 되지."

머니코치 겸 재무심리상담사인 데보라 프라이스는 『머니테라피』라는 책을 통해 돈의 맹신에 대해 이렇게 표현하고 있다.

'심리학적 측면에서 볼 때 일반적으로 알려진 바에 의하면 인간의 어두운 심층 심리 밑바닥에서 가장 많은 부분을 차지하는 게 성(性)이다. 그러나 성 문제보다 사람들을 더 결정적으로 옭아매고 있는 것이 돈이다. 우리는 필요악 이상으로 돈에 종속되어 있다. 사람들이 자각하지 못할 뿐이다.'

이처럼 돈은 자신이 최고인 양 부추기기 때문에 사람들에게 끊임없이 '나 아니면 못할 게 없어'라고 속삭여서 맹목적으로 추구하게 만든다. 결국 돈은 사람의 우상이 될 수밖에 없다.

돈은 독이다

일식집에서 귀하게 사용되고 있는 복어에 대해 잘 알 것이다. 다른 생선에 비해 쫄깃하고 신선하여 소중한 재료로 사용되는 복어는 재료 자체가 귀한 탓도 있지만 가지고 있는 독 때문에 더욱 흥미로운 존재이기도 하다. 독은 사람을 두렵게 만들기도 하지만 매력적으로 느끼게 만들기도 한다. 그러나 결국엔 치명적이다.

돈은 독과 같은 속성을 가지고 있다. 독은 조심해서 다루지 않으면 바로 죽음과 직결된다. 돈 역시 독과 같아서 조심해서 다루지 않으면 바로 죽음으로 몰고 간다. 또한 실제적으로 동전과 지폐가 사람들의 손을 통해 전해지면서 많은 병원균들이 전달된다. 그래서 균에 전염되기도 하니, 돈은 상징적인 독의 속성을 지니고 있으면서 실제적인 병원균을 가진 존재이기도 하다.

돈은 파괴본능을 가지고 있다

일본 가와현에서 일가족 세 명이 실종되었다. 핏자국을 남긴 채 실종된 세 명은 결국 죽은 채로 발견되었고 그들은 할머니와 3살, 5살짜리 손녀였다고 한다. 얼마 뒤 체포된 진범은 할머니의 동생의 남편이었는데, 원인인즉 돈이 없어 치료도 못하고 죽어가는 부인에게 늘 돈을 빌리러 오는 처형에게 원한을 품어 그녀를 죽이기로 했다는 것이다. 또한 살해하는 과정에서 두 명의 손녀들이 귀찮게 굴자 그들도 같이 죽였던 것이다.

요즘 들어 일본은 특히 친족 살인사건이 부쩍 늘고 있는데 대부분 금전관계에 얽힌 것으로 큰 사회적 문제가 되고 있다고 한다.

우리나라에서도 사회면을 장식하는 사건 사고를 보면 대부분 금전관계 때문에 생긴 강력 범죄가 많다. 택지 보상금 때문에 형이 동생 부부를 살해하거나, 사업을 하다가 자금 문제로 동업자를 살해하는 등 사건의 중심에는 늘 돈이 있다.

〈공공의 적〉이라는 영화를 기억할 것이다. 이 영화를 보면 돈 때문에 자신의 부모를 무참히 살해하는 장면이 나온다. 모든 사람들이 이 영화를 보면서 분개하며 어찌 사람이 그럴 수 있느냐고 비난했다. 맞는 말이다. 사람으로서는 절대 할 수 없다. 단지 돈이 사람을 죽이게 한 것이다. 뿐만 아니라 우리 사회를 경악케 했던 유명 야구선수가 돈 때문에 모녀를 처참하게 살해한 사건도 있었다. 이 사건의 중심에도 역시 돈이 있었고 돈이 살인을 부르게 한 것이다.

이처럼 돈의 강력한 부정적인 속성은 파괴본능이다. 모두 돈으로 인한 강한 집착과 욕심 때문에 일어난 일이지만 이러한 본능 때문에 사람의 마음을 현혹시킨다. 그렇기 때문에 돈이 중심에 서 있을 때 주변의 사람들은 물론 상관이 없는 사람들까지 파괴시키고 멸망시키는 일이 벌어진다.

6 — 부자에 대한 고정관념

세 명의 청년들

세 명의 청년이 있었다. 김일류, 박보통, 정성실이라는 세 명의 청년은 모두 초등학교 동창생들로서 가깝게 지낸 친구 사이이다. 그런데 이 셋은 중학교를 진학하고 고등학교를 진학하면서 가는 길이 달라지기 시작했다.

김일류는 초등학교 시절부터 학교에서 알아주는 수재였다. 뭐든 잘하는 일류는 고등학교를 진학하면서 본격적으로 대학진학을 위해 공부하였고 좋은 대학을 나와 좋은 곳에 취업하는 일류 코스를 밟았다. 그는 친구들에게 부러움의 대상이기도 했다.

박보통은 이름값 하듯 보통의 위치에 있는 친구였다. 일류와는 다른 고등학교에 진학하게 되었고 그 역시 일류와 같은 코스를 밟아 사회에 나와야 한다고 생각했다. 사실 실력은 그만그만했어도 남들 다 가는 대학도 나오는 게 좋을 것 같았고, 아주 좋은 곳은 아닐지라도 회사에 취업하여 사회생활의 첫걸음을 내딛었다.

그에 반해 정성실의 실력은 좋지 않았다. 초등학교 시절부터 공부보다는 뭔가 만지고 고치는 것을 좋아하던 그는 중학교에 다니던 시절부터 자신의 앞날에 대해 생각이 많아졌다. 아마 아버지께서 아들과 함께 고민을 해주었기 때문이다. 성실이는 되지 않은 공부를 계속 붙들고 있는 것보다 기계를 만지는 일로 승부를 거는 게 좋을 거라는 판단이 들었다. 아버지 역시 아들의 의견에 동의해 주었다.

"좋아, 아버지는 네 의견을 전적으로 믿어주마. 공부라는 게 하고 싶어서 해야 하는 거지 억지로 해서는 절대 안 되지. 그래, 공업고등학교에 가서 정비수리를 배우고 싶다니 그렇게 해라. 대신 아버지가 아들을 위해 쓸 수 있는 교육비는 지금부터 너를 위해 저금해 줄게. 아버지가 아들의 미래를 위해 적금을 붓는 거다."

정성실은 공업고등학교에 진학했고 졸업 후 자동차 정비수리공으로 취직하여 다른 친구들이 사회생활을 시작할 즈음 이미 사회생활 5년차가 되어 있었다.

자, 이 세 명의 청년들 중에 어떤 사람이 가장 부자라고 생각하는가? 먼저 드는 생각은 당연히 김일류이다. 왜냐하면 그는 엘리트 코스를 밟았고 이제 앞으로 전도유망한 길을 걸어갈 것이라고 생각하기 때문이다. 그런데 앞날을 당신이 알고 있는가. 절대 그렇지 않다.

김일류	박보통	정성실
1. 우수 학생 2. 명문대 입학 3. 대기업 입사 4. 나이 27세	1. 보통 학생 2. 일반대 입학 3. 중견기업 입사 4. 나이 27세	1. 공업고 입학 2. 대학 포기 3. 정비공장 취업(20세) 4. 나이 27세

김일류는 태어나서 27살 사회초년생이 될 때까지 계속적으로 마이너스 즉 지출의 인생을 살았다. 물론 앞으로 발생할 플러스가 만회할 것이라고 생각할 수 있지만 어떤 변수가 생길지 알 수 없기 때문에 김일류의 장밋빛 인생 역시 불확실한 것이다.

그러나 정성실의 경우 다른 친구들이 마이너스를 겪고 있을 때 이미 사회생활을 시작하여 플러스를 발생하고 있다. 이것은 이미 4년의 임금을 받았기 때문에 확실한 수입원이며, 아버지가 그를 위해 교육비를 적금으로 들어 선물로 주셨기에 그것 역시 확실한 플러스이다. 지금까지의 상황을 놓고 볼 때 가장 많은 플러스를 발생시킨 건 정성실이다. 한마디로 정성실이 가장 부자라는 말이 된다.

다음은 그 사실을 알기 쉽게 만든 세 사람의 수입과 지출 분석표이다. 누가 가장 부를 누리며 살고 있는지 한눈에 봐도 알 수 있을 것이다.

구분	김일류	박보통	정성실
고등학교 3년간 사교육비	월 150만 원 총 5,400만 원	월 60만 원 총 2,160만 원	없음
대학 등록비, 입학 및 기타 대학 4년간 비용	**학비**: 1학기 450만 원 연 900만 원×4년 총 3,600만 원 **용돈 및 기타**: 월 50만 원 50×12×4=2,400만 원 **총비용**: 6,000만 원	**학비**: 1학기 450만 원 연 900만 원×4년 총 3,600만 원 **용돈 및 기타**: 월 50만 원 50×12×4=2,400만 원 **총비용**: 6,000만 원	**월 급여**: 150만 원 150만 원×12×4년 **총소득** 7,200만 원
합계	**총지출**(−) 5,400만 원+6,000만 원 =1억 1,400만 원	**총지출**(−) 2,160만 원+6,000만 원 =8,160만 원	**총소득**(+) 7,200만 원

일류 코스? 삼류 코스? 고정관념이 만든다

우리 사회는 너무도 큰 고정관념 속에 살고 있다. 특히 어떤 사람이 성공했는가, 어떤 사람이 재정적으로 승리했는가를 말할 때 이러한 고정관념의 잣대를 들이민다. 그 고정관념이라는 게 어떤 것인가. 태어나서 초·중·고등학교를 거쳐 대학과 대학원까지 공부를 마친 뒤 사회에 진출하여 그 다음에 결혼해야 하는 이 코스를 누가 만들었는가. 법적으로 제도화된 것도 아닌데 우리 사회는 꼭 그렇게 해야 한다는 고정관념에 휩싸여 있다.

그런 이유로 실력도 안 되는데 억지로 코스를 밟아 적성에도 맞지 않는 일을 하는 불행한 사람들이 생기는 것이다. 좋아하는 일을 하지 않는데 어떻게 부를 창출할 수 있고 아이디어가 떠오르겠는가. 절대적으로 자신의 길을 잘못 선택했기 때문이다. 게다가 모두들 일률적으로 똑같은 길을 가려고 경쟁하니 그 경쟁이 치열해질 수밖에 없다. 또한 부모와 자식 간의 갈등과 엄청난 사교육비 등 경제적인 손실은 말할 것도 없다.

이제는 성공과 부에 대한 고정관념을 깨야 한다. 그래야 많은 사람들이 다양한 성공을 이루어내며 살 수 있다.

정성실의 사례는 실제로 한 대학교수와 자제분의 이야기이다. 사회적인 체면을 중시할 만도 하지만 그는 고정관념에 사로잡힌 생각을 바꾸었다. 완전하게 자녀와 부모가 꿈을 공유하면서 수입과 소득도 적절히 조절해 가는 등 그들은 서로에게 플러스가 되는 인생을 살아가고 있다. 감정적으로도 소모하지 않고 금전적으로도 서로가 즐거운 인생이 되었던 것이다. 지금 정성실 씨는 자신의 이름을 건 카센터를 차리기 위해 재정적으로도 독립하는 중이고 기술적인 면으로도 독립하고 있다. 또한 일을 하다 보니 더욱 전문적으로 공부하고 싶은 욕심이 생겨 일하면서 야간대학에 등록하여 공부도 병행하고 있다. 공부하는 이유가 충족되니 그에게 대학공부는 즐거운 수업이 되고 있다고 한다.

성공은 생각을 바꾸면 훨씬 가까운 데에서 찾을 수 있다. 남과 비교를 하거나 체면을 지키기 위해, 보상심리를 위해 부를 꿈꾸지 말아야 한다. 일시적인 우쭐함과 기쁨은 찾아올지 몰라도 영원한 행복은 자신만의 코스를 정해 즐겁게 걸어가는 것이다.

7 — 인생의 4대 변수에 대한 참을 수 없는 무관심

날 수 없는 잠자리

한번은 어떤 선생님께서 이런 이야기를 해준 적이 있다. 잠자리나 나비와 같은 곤충을 유난히 좋아하던 어린 시절, 자연 속을 뛰놀며 자연은 곧 곤충채집장이요 관찰학습장이었다고 한다. 매일 나비나 잠자리 등을 잡으러 다니다 보니 자연스럽게 애벌레에서 번데기로, 번데기에서 나비나 잠자리가 되는 것을 보게 된 것이다.

그런데 하루는 번데기 고치에서 잠자리가 되어 나오는 장면을 보게 되었다. 그런데 어찌나 날개가 꼬깃하게 접혀 있는지 보는 내내 안타까웠다고 한다. 그래서 그 날개를 '화알짝' 펴주기로 한 선생님은 번데기에서 나온 잠자리의 날개를 살살 펴주기 시작했다. 다른 잠자리들에 비해 선생님이 만져준 잠자리는 훨씬 빨리 본모습을 갖추게 된 것이다.

"자, 이제 됐지? 이제 훨훨 날아 봐. 너, 나한테 고마워해야 해."

잠자리를 손바닥에 올려놓고 날아가라고 휙 날려보는데 이게 웬 일인가. 그토록 정성스럽게 보살펴준 잠자리가 날갯짓 한번 하지 못 한 채 추락하여 죽어버렸다는 것이다. 이 이야기를 하시면서 그는 이런 말을 덧붙였다.

"저는 잘 날 것으로만 예상했지. 자신이 힘들여서 날개를 펴야 기 름이 나와 날 수 있게 된다는 걸 몰랐던 겁니다. 역시 뭐든 자기 스스 로 일어설 준비가 필요한 것 같아요."

4대 변수는 한꺼번에 올 수 있다

잭은 올해로 45세 중년 가장이 다. 비교적 안정적인 직장생활을 하고 있기 때문에 잭의 가정은 윤 택하게 사는 편이다. 그는 사람 만나는 것을 좋아하고 취미생활을 좋아했기 때문에 매주 주말이면 취미활동을 하러 다니거나 친구들 을 만나 즐겼다. 아내인 캐서린 역시 안정적인 환경 속에서 자녀들 을 예쁘게 키우고 있었다. 어느 날 캐서린은 우연히 보험설계사를 만나게 되었고 그를 통해 보험을 하나 들게 되었다. 남편이 들어왔 을 때 캐서린은 자랑스럽게 보험증서를 내보였으나 잭은 왠지 못마 땅한 표정이었다.

"한 달에 500달러? 그 돈이면 취미활동 두 번은 더 할 수 있는

데… 뭐하러 이런 걸 들었지? 어차피 회사 다니면 보험처리 다 되고 목돈이 필요한 것도 아닌데….”

캐서린은 못내 섭섭했다. 그래도 설계사와 의논하여 결정한 것인데 남편의 차가운 반응을 보니 기분이 우울해졌다.

그렇게 한 달이 지났을 때였다. 잭은 회사로부터 해고를 당했다. 회사의 경영난을 이유를 들어 고액의 연봉자 우선으로 감원대상이 되었다는 것이다. 잭은 갑자기 실업자가 되었고 가정의 수입은 완전히 없어진 상태였다. 캐서린 역시 당황스럽긴 마찬가지였다. 매달 나가야 할 돈은 늘어가고 있는데 수입이 없기 때문이다.

그런데 일은 가차 없이 다가왔다. 딸 에이미가 유학을 가고 싶다며 공부해야 할 이유와 절차에 대해 조사한 것을 부모에게 내민 것이다. 게다가 잭의 어머니가 쓰러지셔서 병간호까지 도맡아야 할 실정에 이르렀다.

갑작스런 사건이 이렇게 겹쳐지니 잭은 하루 종일 두통에 시달렸다. 두통은 시간이 지나도 가라앉지 않았고 병원을 찾았을 땐 하마터면 뇌출혈이 올 뻔했다며 수술을 받는 게 좋겠다고 하였다. 그런데 다행히 아내 캐서린이 들어놓은 보험 덕분에 수술비 걱정을 덜었다.

수술을 받고 퇴원한 잭은 생각했다. 수입은 없고 지출은 늘어가고 해결해야 할 사건들은 다가오고 있고 시간은 점점 없다. 잭은 그동안 아무런 대책 없이 불확실한 소득 하나 믿고 가정을 지켜온 자신이 후회스러웠다.

인생의 4대 변수

인생에는 4대 변수가 존재한다.

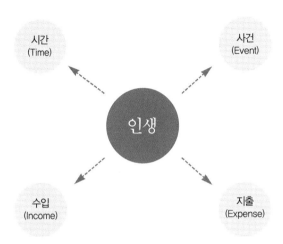

첫째, 인생에는 내가 해결해야 할 이벤트(Event)들이 있다.

이 이벤트를 해결하지 않으면 나와 가족이 경제적으로 고통을 받게 되는 일들이다. 주택마련, 결혼, 은퇴자금, 노후자금 등이 이벤트에 해당되는 것들이다.

둘째, 우리에게 주어진 시간(Time)이다.

개개인에게 주어진 시간은 다르겠으나 이 시간이 가면서 이벤트가 발생한다.

셋째, 수입과 소득(Income)이 있다. — 더하기(＋)

경제활동의 대가로 받게 되는 결과이다. 앞서 더하기로 표시되는 것을 말한다.

넷째, 지출(Expense)이 있다. — 빼기(-)

살아가면서 지출하게 되는 각종 비용을 이야기하며 빼기로 표시되는 것들이다.

인생은 이 이벤트를 해결해야 꿈이 이루어지고 가족의 행복이 다가올 수 있는데 이 네 가지 변수에 대해 너무 모른 채 살아간다. 다시 말해 우리의 과제는 주어진 시간과 수입과 지출의 세 가지를 가장 효율적으로 준비하여 이벤트를 해결하는 것이다.

그런데 이 중에서 확실한 것은 시간에 맞게 다가오는 이벤트뿐이다. 나머지는 모두 불확실하다. 수입을 늘리는 걸 내 마음대로 할 수 있는가? 한 달에 얼마를 벌고 싶다고 결정해서 그대로 된다면 어려움이 없을 것이다. 그러나 마음대로 되지 않는데다 갈수록 현재 소득을 지키기도 어려워질지 모른다. 경쟁이 치열해지기 때문이다.

지출은 어떤가? '쓸 게 빤한데 어떻게 줄여?' 이렇게 말할 수 있을지 모른다. 그러나 생각해 보면 이 부분은 내가 결정할 수 있는 게 상당히 많다. 교통수단도 저렴하게 선택할 수 있고 먹는 메뉴를 선택할 수 있다. 옛날 우리 어머니께서 자주 하신 말씀이 있다. '줄일 수 있는 건 먹는 거 입는 거밖에 없다.' 이 말씀처럼 '먹을 거 입을 거'를 줄이기만 해도 지출은 상당히 조절 가능한 분야이다.

이제 마지막으로 시간을 보자. 내게 어느 정도 생명의 시간이 주어졌는지는 아무도 모르지만, 시간은 전적으로 나의 시간이다. 여기서 시간은 내게 남아 있는 시간을 의미하는 것이 아닌, 과거 현재 미래의 시점을 의미한다. 예를 들어 수중에 여유자금이 있다고 했을 때 그것을 지금 투자할 것인가 나중에 투자할 것인가에 대한 결정을 본인 스스로 할 수 있다. 그러므로 그 시간은 나의 권한 속에 있다.

대부분의 사람들은 내 마음대로 잘 안 되는 가장 어려운 수입(더하기)에 집중하느라 가장 확실한 시간과 빼기를 등한시하며 살아간다. 그러는 사이 이벤트는 때에 따라 반드시 다가와 준비되지 않은 우리를 고통 속에 빠지게 한다.

이렇게 인생은 경제적인 면의 4대 변수에 의해 움직인다. 물론 지금까지 수입과 지출, 시간과 이벤트에 대해 모르는 부분이 더 많았을 것이다. 실제로 앞의 책의 사례를 통해서도 알 수 있듯이 많은 사람들이 이 같은 변수에 대해 무감각 무관심했기 때문에 경제적으로 어려웠다. 그저 하늘에서 돈이 뚝 떨어져서 짜잔 해결이 되거나, 문제가 갑자기 사라져 해결할 일이 없어지는 등 요행을 바랐기 때문이다. 그러나 우리의 삶은 현실이고 어떤 이는 삶이 전쟁이라고까지 표현한다.

가장 중요한 것은 스스로 날 수 있는 준비다. 언제라도 변할 수 있는 인생의 네 가지 변수에 대해 깨닫고 그것을 어떻게 조절해 나갈 것인지 지금 결정하면 된다.

알 수 없는 미래

우리는 현재 엄청난 변화의 시대에 살고 있다. 그리고 내일을 알 수 없는 시대에 살고 있다

시시각각 경제 환경이 바뀌고 세계가 하나로 되어가고 있다. 그 속에 대한민국이 있고 그 안에 나의 집이 있고 나의 가족이 있고 내가 있다. 이제는 예전에 그랬으니 그렇게 될 것이다라는 식의 사고방식으로 경제활동을 한다면 큰 실패를 하게 된다.

실례로 우리나라 증시를 보자. 코스피 지수 2000포인트를 바라보다가 몇 달 사이에 급격히 떨어졌다. 엄청난 추락이다. 증시가 올라갈 때는 한없이 올라갈 것 같고 많은 사람들이 투자 상품만이 유일한 자산증식의 방법이라며 추천하였다. 그런데 지금 많은 투자자들이 수익은커녕 원금까지 날리는 상황이 된 것이다. 그리고 국제 유가를 보더라도 배럴당 60불 하던 것이 순식간에 치솟았다. 그에 따라 산업별로 큰 이익을 받는 쪽도 있지만 사업이 힘들어지는 분야도 많다. 특히 운송·항공 분야 등은 더욱 더 심하다. 누가 이렇게 될 줄 알았는가? 알았으면 쌀 때 미리 사재기하면 돈 벌 수 있었을 텐데 말이다.

환율도 마찬가지다. 900원대 환율이 가파르게 뛰어올랐다. 수출기업에게는 호재이지만 수입 기업에게는 경영압박 요인이다. 우리는 알 수 없다. 특히 투자를 할 경우, 부동산투자, 주식투자, 펀드투자, 선물, 옵션투자 등등 미래의 확실한 수익은 누구라도 보장할 수 없다. 보장한다고 하면 거짓말이다. 단지 수익을 얻을 확률을 높일 뿐이다.

따라서 우리가 미래에 대해 자신할 것은 아무것도 없다. 모든 일에 위험을 제거하고 안전하게 준비해야 한다. 개인의 가정도 예외는 아니다. 다음 예화를 통해 미래의 불확실성에 대비해야겠다.

8 — 돌진하고 있는 이벤트

A와 B 각각의 이벤트

A씨와 B씨가 만나 이야기를 하고 있었다.

"요즘은 돈을 찍어내도 못 당하겠어. 애들 유학 보내달라고 그러지, 집사람은 마당 있는 집이 좋다나? 집도 옮겨야지, 이제 은퇴하면 동남아 쪽에 가서 살 생각이니 그쪽에 집도 알아봐야 하고…."

그 이야기를 듣고 있던 B씨가 반색하며 묻는다.

"자네야 뭐 걱정이야? 수입 좋겠다, 벌어놓은 돈 많겠다 걱정 없지. 걱정은 내가 더 많지 뭐. 자네 말 들어보니 돈 들어갈 일이 너무 많겠는걸. 나도 애들 유학 보내야지, 집도 옮겨야지, 은퇴 후에 할 일도 계획해 놔야 할 거 아냐. 그나저나 잘 되었네. 어차피 자네랑 나랑 해야 할 일이 비슷하니 자네가 좋은 정보 좀 주게나."

그러자 A씨가 조금 미안해 하며 B씨에게 말을 건넨다.

"그거야 뭐 어렵지 않지만… 그나저나 나와 자네는 수입사정이 좀 다를 텐데."

"……."

이벤트는 우리 삶에서 반드시 해결해야 하며 그렇지 않으면 경제적 문제가 다가오는 과제를 말한다. 연인에게 풍선을 안겨 주며 사랑의 고백을 하는 것만이 이벤트가 아니다. 경제생활에 있어서 이벤트는 반가운 것이 못 된다. 모두 다 돈 들어갈 일이기 때문이다.

A씨와 B씨는 사정이 다르다. 그런데도 B씨는 A씨의 환경에 준하여 이벤트를 정하는 오류를 범하고 있다. A씨는 그만한 경제적 여유가 있는 사람이므로 이벤트의 질적 수준을 높여 잡을 수 있지만, B씨는 그렇지 않다. 경제적 여유가 없으므로 이벤트의 수위를 조절해 가며 준비해야 한다.

이처럼 이벤트는 사람에 따라 다르게 정해진다. 남과 비교하지 말고 자신의 이벤트를 스스로 정해야 한다. 남들은 200제곱미터(60평) 아파트에 살지언정 나의 가족은 100제곱미터(30평) 아파트에 만족하고 대신 자기계발에 투자하는 목표가 있다면 그것에 맞는 문화이벤트를 설정하면 된다. 만약 주택을 넓히는 것이 가족의 목표가 되면 주택마련 이벤트를 최우선으로 정하면 되는 것이다.

여기서 말하는 이벤트는 우리가 통제할 수 있는 사건, 즉 컨트롤이 가능한 이벤트다. 다시 말해 우리가 알고 있고 조절할 수 있기 때문에 통제 가능한 이벤트라 할 수 있다. 그러나 이벤트는 통제 가능한 것도 있지만 그렇지 않은 것, 사람의 영역을 뛰어넘는 이벤트도

존재한다. 살아가면서 기가 막힐 일, 사람 힘으로도 감당 못할 일들
이 우리 주변에는 너무도 많다.

세 가지 동그라미 속의 이벤트

그림에서 나타나듯 이벤트는 세
가지 동그라미들 속에 있다. 가장 작은 동그라미 안의 이벤트는 앞

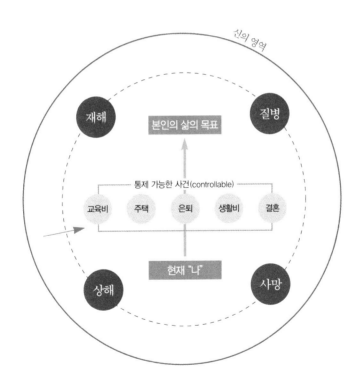

서 이야기한 통제 가능한 사건들이다. 시간이 지나면 반드시 재무적인 문제로 해결해야 할 것들이며 준비만 한다면 해결 가능하다.

그 바깥의 동그라미에는 재해나 질병, 상해나 사망과도 같은 우리가 조절할 수 없는 사건들이 있다. 질병과 상해와 같은 일은 일정한 시간이 되면 나타나는 문제들이 아니다. 언제 어디서 어떻게 다가올지 모를 통제 불가능한 사건들이다. 사실 일반적으로 사람들이 이 부분에 더욱 관심을 기울이는 편이다. 그래서 각종 보험이란 보험이 이 두 번째 동그라미를 해결하기 위한 보호막이다.

그리고 가장 바깥의 동그라미는 우리로서는 도저히 해결하지 못하는 신의 영역에 해당한다. 나의 꿈과 목표가 설정되고 그것을 달성하기 위해 반드시 준비해야 할 이벤트를 준비해 가고 있으며 외부로부터 큰 위험으로 울타리를 쳐 놓았더라도 이 모든 계획을 하루아침에 물거품으로 만들게 하는 영적인 요소들이 있다. 이러한 영적 이벤트가 마지막 동그라미에 속한다.

미래에 대한 철저한 준비를 세워 착실하게 살아가고 있던 한 사람이 있었다. 그는 이미 이벤트에 관한 준비는 물론이고 여윳돈까지 적금을 들어가며 잘살고 있었는데 언제부터인가 돈이 새나가기 시작했다. 조금씩 투자하던 돈이 마이너스가 되고, 다른 사람의 속임에 넘어가게 되고, 꾸어가고 가져가다 보니 어느새 빈 주머니가 되고 말았다. 어렵게 살아가고 있는 그는 여전히 자신이 왜 이렇게 되었는지 모르겠다며 한탄했다. 한꺼번에 부도를 맞은 것도 아니요 아프 것도 아니요 엄청난 투자손실을 입은 것도 아닌데 영적인 속임과 꼬임으로 인해 실패한 것에 눈물을 흘렸다.

바로 이 사람은 세 번째 영역의 이벤트에서 제동이 걸린 것이라 할 수 있다. 이 부분은 사람의 힘으로 어쩔 수 없는 영적인 힘으로 해결할 수 있는 문제이다. 반드시 신의 영역이 존재함을 인정하고 물질에 관한 소유권과 관리권한을 온전히 신에게 맡길 때 세 개의 동그라미는 강력한 울타리를 칠 수 있을 것이다.

9 — 더하기의 속임수

더하기 전략의 오류

재무설계에 관한 상담을 하다 보면 웃음이 나는 상황이 종종 벌어지곤 한다. 특히 인생의 쓴맛을 아직 덜 경험한 2, 30대에게서 듣게 되는데, 그들이 그리는 인생은 주로 이렇다.

"일단 돈을 많이 벌면 모든 문제가 해결되잖아요. 돈을 많이 벌면 부자가 되고 부자가 되면 미래는 보장된 거잖아요. 그러니까 벌 수 있을 때 가능한 한 많이 벌어둬야죠. 그래서 로또도 매주 사는 거 아니겠어요?"

"돈을 많이 벌 방법은 있습니까?"

"그거야… 일단 지금 직장에서 월급 꼬박꼬박 받고, 또 간간히 투자도 해서 다섯 배 정도 수익을 올리면 그야 해피하겠지요."

"와, 그러면 좋겠네요. 그런데 지금 다니는 직장에서 당신을 평생 고용한다는 보장이 있습니까? 아니면 투자했을 때 수익이 나는 게 확실한가요?"

"아니 뭐… 그렇지 않지요. 직장이라는 게 아무리 튼튼해도 하루 아침에 무너지기도 하고 제 친구는 갑자기 짤리기도 했대요."

"그것 보세요. 당신은 지금 불확실한 것만 잔뜩 가지고 미래를 꿈꾸고 있잖아요."

"……."

사람들은 이벤트를 해결하기 위한 두 가지 방법을 선택한다.

1. 더하기, 시간집중 전략
2. 빼기, 시간분산 전략

대부분의 사람들이 첫 번째 방법, 즉 더하기 방법에만 관심을 가지고 있다. 한마디로 빨리 돈을 많이 벌어서 부자가 되어 잘 살겠다는 인생관이 깔려 있다. 특히나 이 분야에는 너무도 많은 전문가들이 포진해 있어서 사람들의 마음을 부풀려 놓는다. 그래서 전문가라 불리는 사람들과 이야기를 하다 보면 마치 내일 당장 부자가 될 수 있다는 희망에 부풀어 그렇지 못한 부분은 차마 보지 못한다는 사실이다.

그러나 다음 그림을 살펴보면 어떤 위험들이 도사리고 있는지 한 눈에 알 수 있다. 이 전략은 우리가 구사할 수 있는 무기 중 가장 마음대로 안 되는 더하기 전략을 쓰고 있다. 크게 키우고 불리는 데에만 집중되어 있다.

우리는 모두가 알고 있다. 수익률 100퍼센트, 200퍼센트를 마음대로 얻을 수 있는 게 아닌, 투자에는 수익률에 상응하는 위험이 따라다니게 마련이다. 투자 전문가들 사이에서 모든 투자는 제로섬 게임이라고 한다. 누군가 얻으면 누군가 잃게 되는 게임이라는 것이다. 다만 잃는 주체가 자신이 되지 않기를 바랄 뿐이다.

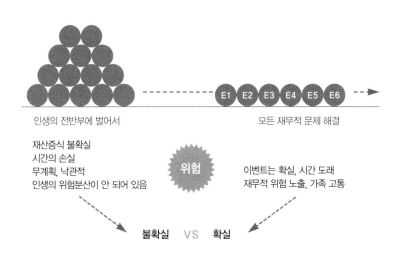

이런 불확실한 가운데 인생 전반부의 시간은 빠르게 지나가 버린다. 이벤트가 도래할 시간이 그만큼 줄어들었다는 말이다. 물론 이러한 전략을 짜는 사람들도 열심히 살고 있다. 결론적으로 성공하면 더할 나위 없이 행복한 인생이겠지만 확률은 매우 낮고 이벤트는 확실히 다가온다.

더하기 전략에 치중하는 것은 확실한 문제를 불확실한 전략으로 맞이하겠다는 말과도 같다.

기업과 개인의 잘못된 고정관념

많은 사람들이 개인이 기업보다 작다고 생각한다. 그러나 개인과 기업의 경제적인 면을 비교할 때 잘못된 고정관념이 있다는 것을 잘 모른다.

구분	개인	기업	비고
구성원	小	大	
경제규모	小	大	
수입원	少	多	
지출항목	多	少	회계 기준, 원칙
자금조직 관리	無	有	예산, 감사 기능

돈 문제의 발단 → 관리·계획·예산·통제 부재

이 표에서 보듯 개인이 기업에 비해 구성원이나 경제규모, 수입원 모두 작다. 수십 명에서 수만 명에 이르는 사람들이 모인 기업이니 구성원도 많고 벌어들이는 수입을 운영하려는 규모가 클 수밖에 없다. 그런데 여기서 눈여겨볼 것은 아랫부분이다. 지출항목 면에서 개인이 기업보다 많고 자금을 관리할 수 있는 조직이 개인에게는 없다는 사실이다. 이 점을 볼 때 개개인에게 돈 문제가 생길 수밖에 없는 상황이다.

아무리 작은 기업이라 할지라도 기업의 돈이 지출될 때는 회계 기준과 원칙에 따라 돈이 지급된다. 판공비 또는 식비, 기획비 등 지출의 원칙에 따라 금액이 정해져 있으므로 오히려 돈을 쓰는 일이 까다롭다.

그러나 가정은 어떤가. 자식들이 참고서를 사겠다고 돈을 달라고 하면 어떤 원칙에 의해 지출을 정하지 않는다. 그냥 필요하다는 액수를 건네준다. 그 액수가 자녀들의 농간(?)으로 늘어날지언정 잔소리 한번 쏟아주고 건네주는 게 대부분이기 때문이다.

이렇게 지출이 되니 자금을 관리하는 조직이라는 게 없는 게 당연하다. 반면 기업은 재무적인 부분의 예산과 감사의 기능을 가지고 항상 예의주시한다. 바로 여기서 개인과 기업의 재무관리 부분의 차이가 나타난다. 더하기의 속임수는 이렇게 큰 덩어리의 기업과 작은 개인의 외형적인 면만 비교하여 지출을 마구 일으키도록 만든다. 그렇기 때문에 기업보다 가정경제가 훨씬 짜임새 없이 돌아가고 제대로 된 경영을 하지 못하는 것이다. 그저 가정경제를 책임지는 대부분의 어머니가 지출항목을 결정하고 컨디션 좋으면 한 장 쓰고 대부분 백지상태로 존재하는 가계부로는 가정경제를 바로세우는 데 역부족이다.

10 — 수면 아래의 삼각형

보이는 게 전부가 아니다

정연이 엄마와 신이 엄마는 서로 가까운 이웃이다. 이들은 첫 아이를 같은 병원에서 출산하면서 친하게 지내게 되었고 아파트도 근처로 오게 되어 서로 왕래하며 지내게 되었다. 그런데 정연이 엄마는 늘 신이 엄마를 볼 때마다 위축이 되곤 하였다. 길 하나 사이를 두고 있는 정연이네와 신이네의 아파트 평수가 달랐기 때문이다. 처음에는 별로 그런 사실에 상관하지 않았으나 아이가 유치원에 다니기 시작하면서 정연이 엄마의 마음이 달라지기 시작한 것이다.

'혹시 신이네 엄마가 우리집 평수가 적다고 은근히 무시하는 거 아니야?'

'아니 어떻게 길 하나 사이에 두고 아파트 값이 2억이 넘게 차이

날 수 있지?'

'이제 애들도 학교에 다닐 텐데, 애들도 평수 보고 사귄다고 하던데….'

생각이 점점 심해지다 보니 이러한 비교가 이젠 남편에게로 화살이 쏠렸다. 정연이 엄마는 남편에게 왜 그렇게 능력이 없냐며 잔소리를 해댔고, 이에 질세라 남편은 아내에게 그렇게 답답하면 직접 벌라는 핀잔까지 퍼붓게 되었다. 이제 정연이 엄마는 신이 엄마 만나는 일이 그리 즐거운 일이 못 되었다. 가끔씩 정연이네 쪽으로 이사 와서 더 가깝게 지낼까 물어보는 신이 엄마의 말이 자신을 비하하는 말로 들려 화가 났다.

그러던 어느 날, 은행에서 두 사람이 만났다. 정연이 엄마는 적금을 부으러 갔고 신이네 엄마는 웬일인지 대출코너에 자리잡고 있었다. 반갑게 인사하는 신이네를 보며 정연이 엄마가 대출코너엔 웬일이냐며 물었다.

"휴… 내가 전에 말했잖아. 우리 집 은행 빚이 집값의 40퍼센트야. 무리해서라도 넓은 평수로 이사 오는 게 아니었는데 정말 이 생활 5년 동안 하니까 그동안 이자 물어준 것만 따져도 시골 가면 집한 채 사겠더라고. 벌써부터 교육비다 뭐다 들어갈 돈이 줄줄이 기다리고 있는데 정말이지 허리가 휠 지경이야. 자기네는 복받은 줄알아. 이렇게 적금 턱턱 붓고 있잖아."

은행을 나오던 정연이 엄마는 왠지 웃음이 빙그레 나왔다. 그동안 팬한 걱정과 염려를 싸안고 살았던 자신이 한심해 보였지만 그래도 손에 쥐어진 통장을 보니 살맛이 났다.

빙산 모델

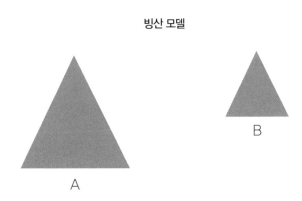

여기 두 개의 삼각형이 있다. A와 B 삼각형은 겉으로 보아 A가 훨씬 큰 것을 알 수 있다. 그렇게 보이기 때문이다. 이것이 바로 신이네와 정연이네의 보이는 경제력이다. 겉으로 보았을 때 신이네는 아파트 평수부터 삶의 질이 훨씬 나아 보인다고 생각하고, 그에 반해 정연이네는 2억 정도 뒤지는 아파트 값에 생활수준도 낮다고 생각한다. 이제 선을 긋자.

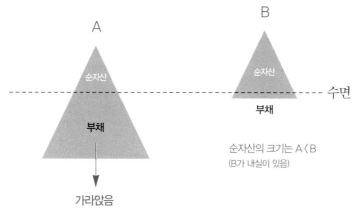

외형의 크기는 A〉B

A

순자산

부채

가라앉음

B

순자산

부채

수면

순자산의 크기는 A〈 B
(B가 내실이 있음)

두 삼각형을 지나가는 선은 수면이고 아랫부분은 수면 아래에 잠겨 보이지 않으며 윗부분은 빙산의 일각에 불과하다. 이제 겉으로 보이는 삼각형 윗부분에서 B가 훨씬 크다는 것을 알 수 있을 것이다. 수면 위를 플러스, 즉 순자산으로 보고 수면 아래를 마이너스, 즉 부채로 본다면 이야기는 완벽히 반대가 된다.

신이네는 얼마 안 되는 순자산과 엄청난 부채가 합해져서 겉으로만 풍족하게 보이는 것이고, 정연이네는 많은 순자산과 얼마 안 되는 부채로 알짜배기 가정경제를 꾸려가고 있다는 이야기가 된다. 선 하나 그었을 뿐인데 그동안 굳게 믿고 있었던 빈부의 척도가 달라졌다.

많은 이들이 부를 누리지 못하는 이유는 이처럼 보이는 데에만 너무 신경을 쓰고 있기 때문이다. 자신의 보이는 부분뿐만 아니라 남의 보이는 부분을 지나치게 부러워한 이유도 포함된다.

우리 인생은 남이 살아주지 않는다. 나와 내 가족만의 꿈이 있어야 한다. 남들이 무엇을 하든지 남과 비교하거나 흉내 내는 것은 전혀 이익이 되는 일이 아니며 건강한 가정경제를 무너뜨린다. 이렇듯 보이는 삼각형에 의존하니 과소비가 시작되고 허영, 과시욕이 생겨 원래 가졌던 마음가짐을 망쳐버린다.

물론 이 빙산 모델이 모든 경우에 해당하지는 않는다. 겉으로 보기에도 부유한 가정경제를 이끌어 가며 수면 아래로 숨겨진 부분이 없을 수 있다. 그렇지만 남의 경제력을 비교하며 자신을 짓누르려고 할 때 빙산 모델을 떠올린다면 자신은 자신만의 경제를 이끌어가는 주체라는 사실을 떠올려 제자리를 찾을 수 있을 것이다. 가정의 경제는 다른 사람이 책임져 주는 것이 아니다. 빙산의 일각을 생각할지 수면 아래 잠긴 빙산을 생각할지 당신이 결정해야 한다.

Chapter
$ 2

Why?

왜 돈을 벌기를 원하는가?

인생의 긴 여정은 돈과의 전쟁이다.

이 전쟁에서 승리해야 돈으로부터 자유로울 수 있다.

청구야담에 나오는 상주 지방에 살던 김씨 부부 이야기
이다.

같은 마을에 살면서 결혼을 하게 된 부부는 신혼 첫날 한 가지 약속을
한다.

"아이가 생기면 돈을 벌 수 없으니 돈을 벌 때까지 동침하지 맙시다."

이에 남편과 아내는 의견을 같이하고 한 사람은 윗방에 또 한 사람은
아랫방에서 살았다.

이들은 낮이 되면 들로 나가 밭일과 농사를 지었고, 밤이 되면 길쌈과
짚신 삼기로 돈을 벌었고, 항상 죽 한 그릇으로 배를 채웠다.

결혼한 지 10년이 흘렀다. 동침 한 번 하지 않고 돈을 번 김씨 부부는
마을 최고의 부자가 되었다.

····▶ 이 이야기를 통해 무엇을 생각하였나요?

1 — 풍요는 보장되어 있다

창조를 통한 풍요

"제 희망은 훌륭한 사람이 되는 것입니다."

"저는 훌륭한 의사가 되어 사람들을 많이 고쳐주겠습니다."

불과 수십 년 전만 하더라도 초등학교 아이들의 장래 희망에 대한 모범답안이었다. 그런데 요즘은 달라도 너무 다르다.

"저요? 전 돈 많이 벌어서 부자가 되고 싶어요. 폼 나잖아요."

대여섯 살 난 아이들조차 '돈 많은 부자'가 되는 게 꿈이라고 하니 돈이 웃고 갈 일이다.

사람들은 모두 풍요로움을 원한다. 다시 말해 부자 되기를 꿈꾸고 희망한다. 왜 그럴까. 과거에 그랬기 때문이다. 아마 자신의 과거를 더듬어보며 부자였던 때가 있었는지 떠올려 볼지도 모르겠다. 그러나 여기서 말하는 과거는 사람이 창조되었을 당시, 아주 먼 과거를 말한다.

세상이 창조되었을 때를 떠올려 보자. 어둠만이 존재하던 태초에 창조주께서 빛을 만드시면서 역사를 시작하시는데, 하늘과 창공, 바다와 육지와 해와 달과 별, 각종 동물들을 차례로 만들어 놓으시며 마지막으로 창조된 사람으로 하여금 그것을 다스리게 하셨다.

그런데 이때 창조하신 세상에 대한 묘사는 풍족함 그 자체이다.

뿐만 아니다. 땅의 생물을 종류대로 내고 땅의 짐승을 종류대로 내어 풍족하게 하셨다. 이 모든 풍족함 속에 사람을 만들어 모든 생물을 다스리게 하신 것이다. 또한 사람을 만드신 후 온갖 지면의 씨 맺는 모든 채소와 씨를 가진 열매 맺는 모든 나무를 주어 먹을거리가 되게 하셨고 모든 짐승과 새와 푸른 풀을 먹을거리로 주셨다. 이 것은 말씀으로 의식주를 해결해 주셨다는 의미이다. 생각해 보면 엄청난 축복이요 풍요 아닌가.

풍요의 보장

풍요로움은 세상이 창조된 이후로도 계속 보장되었다. 그러한 증거는 성경의 인물을 통해서 알 수 있다.

믿음의 조상 아브라함은 하나님의 명령을 잘 순종하여 믿음을 지킴으로써 영원한 풍요를 보장받았다. 특히 재산이 많아져 조카 롯과 헤어져야 할 상황에서도 믿음에 의지하여 더 많이 양보함으로써 부를 취할 수 있었고, 100세에 아들을 얻어 누구보다 자손이 풍족하게 많게 됨을 약속받게 되었다.

아담과 아브라함뿐만 아니라 성서 속에 등장하는 많은 인물들이 풍요로움을 보장받아 부를 즐기고 살았다. 물론 그들이 백만장자가 되기까지 믿음을 지키고 실천했기에 가능한 일이다.

에덴동산이 만들어질 때 이미 우리는 부자였다. 아담이 하와와 타락하여 우리의 풍요권은 마음껏 누리는 것에서 수고해야 얻을 수 있는 것으로 격하되었지만, 창조의 기본 이념은 우리가 풍요롭길 원하신다는 것이다. 그렇지 않고서야 믿음을 지켜 족보를 이어나간 아브라함 이삭 야곱 요셉과 같은 백만장자가 있었겠는가.

우리에겐 풍요로움이 보장되어 있다. 그것은 진리이다. 다만 무조건 누리는 것에서 이제 그 풍요로움을 어떻게 관리해 나갈 것인지 숙제가 남겨졌을 뿐이다. 시대는 너무 빠르게 물질이 중심이 되어 움직이고 있다. 과거나 오늘이나 내일은 풍요롭다. 이제 이 빠른 세상에서 어떻게 풍요를 지혜롭게 관리하는가가 관건이다.

2 — 부의 축복

make the money

　　　　　　주변에서 돈을 많이 벌어 부자가 된 사람을 향해 '돈 복이 있다.' '저 사람은 뭘 해도 돼.' 하는 식의 소극적인 자세로 말하는 경향이 있다. 아마 자신이 부러워하는 부자들을 향해 내뱉은 말을 떠올려 보면 돈에 대해 얼마나 기복적인 사고를 보였는지 알 수 있을 것이다.

　그러나 세계 최고의 부를 누리는 미국의 경우는 부에 대해 상당히 적극적인 자세를 취함으로써 부자의 대열에 낄 수 있었다. 에인 랜드의 말은 미국인들이 부에 대해 얼마나 적극적인지 알 수 있다.

"나에게 가장 자랑스러운 미국인의 면모가 무엇인지 물어본다면 나는 그들이 바로 돈을 만든다(make the money)는 표현을 만들어낸 사람들이란 사실을 꼽을 것이다. 어떤 언어나 국가도 이런 표현을 사용한 적이 없었다. 미국인이야말로 부는 창조되어야 하는 것이라는 사실을 깨달은 최초의 사람들이다." | 리치웨이 – 프롬북스 인용 |

이 글을 읽으며 상당 부분 공감했던 기억이 난다. 많은 사람들이 돈은 돌고 돈다는 고정관념에 사로잡혀 결국 자신의 손으로 돌아올 거란 막연한 기대 속에 산다. 돈을 만들어낸다는 창조적 발상이 적다는 사실이다.

우리에겐 풍요로움이 보장되었고 그 부를 누릴 권한이 있다. 그러기 위해서는 부를 획득하는 데 연연할 것이 아니라 다스려야 한다.

정복하고 다스려야 할 부의 권한

창조주가 세상을 만드신 뒤 분명히 명령하신 것도 우리에게 주어진 부의 축복권을 어떻게 사용할 것인가에 대한 방법이었다.

창조주께서는 모든 만물을 창조하시고 우리 인간에게 그것을 정복하고 다스리라고 하셨다.

이것은 우리에게 주어진 물질의 풍요로움을 충만하게 누리고 그것에 끌려가는 것이 아닌 정복해야 한다는 의미이다. 또한 그것을 다스려야 한다. 이 말은 곧 창조주가 원하시는 인간의 의무이다. 이 말을 뒤집어 생각하면 당신이 명령한 것을 정복하고 다스리지 못한다면 풍요로움을 충만하게 누리지 못하게 할 수도 있다는 뜻이 담겨져 있다.

많은 사람들이 주어진 부에 대해 빼앗기지 않을 것이라 생각한다. 막연히 그것이 끝까지 잘 지켜질 것이라 여긴다. 그러나 현실은 그렇지 않다. 하루아침에 빚더미에 올라앉기도 하고 그 많던 재산을 탕진하기도 하는 등 고통은 두루 삼킬 자를 찾아 신속하게 다가올 수 있다. 모두 정복하고 다스리지 못한 탓이다.

앞에서도 잠깐 나왔던 말이지만, 이번에는 보다 자세히 소개하겠다.

부잣집 주인에게 세 명의 하인이 있었다. 어느 날 먼 길을 떠나게 된 부잣집 주인이 세 명의 하인에게 말했다.

"내가 지금 먼 길을 떠나려고 한다. 너희들에게 각각 그 재능대로 금 5달란트 2달란트 1달란트를 맡길 것이다."

세 하인의 걸음이 바빠졌다. 금 다섯 달란트를 받은 사람은 바로 가서 그것을 장사하여 다섯 달란트의 두 배를 만들었다. 두 달란트를 받은 사람 역시 장사를 하여 다시 두 달란트를 남겨 네 달란트를 수중에 넣게 되었다. 하지만 마지막 세 번째 하인은 그 돈을 땅을 파고 감추어두었다.

세월이 오래 지난 뒤, 주인이 다시 돌아와 하인에게 맡긴 재산을 결산할 때 주인은 장사를 해서 이익을 남긴 두 하인에게는 착하고 충성된 종이라는 칭찬과 함께 더 많은 재산을 맡기겠다고 약속했다. 그러나 돈을 땅에 파묻은 종에게는 크게 화를 냈다.

"이 악하고 게으른 종아! 너는 내가 심지도 않은 데서 거두어들이고, 씨 뿌리지 않은 곳에서 거두어들인다고 생각했느냐? 그렇다면 너는 내 돈을 은행에 넣어두었어야 했다. 그러면 내가 다시 돌아왔을 때 이자와 함께 내 돈을 돌려받았을 것이다. 저 종에게서 돈을 빼앗아 열 달란트 가진 종에게 주어라."

이 이야기를 통해 우리는 한 달란트를 받은 종이 무엇을 잘못했는지 알 수 있다. 다른 두 명의 하인이 주인의 돈을 관리하여 수익을 낸 반면, 그는 게으른 채 아무 일도 하지 않았다는 사실이다. 다시 말해 관리를 소홀히 했다는 말과도 같다. 사실 그에게는 충분한 조건이 있었다. 이미 두 배의 수익을 낸 하인에게서 고급 정보를 얻을 수 있었기 때문이다. 그런데도 그리하지 않은 것은 잘못이다. 그러니 결국 가지고 있는 것마저도 빼앗기지 않겠는가.

우리도 마찬가지이다. 이미 풍요와 부를 보장받은 우리들이지만 그것을 정복하여 다스리지 못하면 빼앗기고 만다. 이 땅에서 쓰임받는 부자는 다섯 달란트와 두 달란트를 받은 하인이다. 그들은 주어진 것을 정복하고 다스려 충만케 했다. 이 말은 우리가 물질을 잘 다스릴 때 부자가 될 수 있는 축복을 받는다는 말과도 같다.

3 — 요람 전부터 무덤 후까지

마이너스 인생

Q 돈은 언제부터 나와 관련이 있는가?

① 태어나서 죽을 때까지

② 취식해서 은퇴할 때까지

③ 취직해서 죽을 때까지

④ 태어나기 전부터 죽은 이후까지

이 질문에 답을 하는 동안 돈을 생각하게 될 것이다. 본능적으로 돈에 눈을 돌리게 된다는 말이다. 아마 많은 경우 ④번을 선택할 것이다.

사람은 태어나기 전부터 돈을 쓴다. 우리가 어머니의 배 속에 있을 때부터 소비는 시작되기 때문이다. 이것저것 먹게 하고 병원도 가게 만들며 출산준비에 공을 들이는 등 태어나기 전부터 지출을 일으킨다. 그리고 일단 세상에 나오게 되면 그때부터 돈이 끝없이 들어가게 마련이다. 교육과 의식주 비용, 등록금까지 쓰고 독립한 후 취직이 되면 그때부터는 벌기도 하고 쓰기도 한다. 그러나 경제활동을 그만두게 되면 다시 돈을 쓰게 된다.

누구나 죽음에 있어서는 자유로울 수 없어서 누구나 죽는다. 그러나 죽고 나면 돈 쓸 일이 없을까? 죽음과 함께 남은 가족은 장례비부터 해결해야 하고 매년 기일을 기념하는 행사를 하는 등 고정적으로 들어가는 돈 외에도 두고두고 갚아야 할 빚을 남기기도 한다.

이처럼 사람은 쓰는 것부터 배웠고 죽은 다음에도 쓰는 존재이다. 한마디로 마이너스로 시작하여 마이너스로 끝나는 인생이다. 태생이 마이너스라서 그런 것일까? 사람은 돈을 쓰는 존재이고 돈을 쓰는 일은 누가 가르쳐주지 않아도 알아서 척척 잘한다.

그러니 적게는 수십 년 많게는 수백 년에 이르기까지 돈은 우리와 연관되어 있다. 사람들이 돈에 연연하는 이유도 이 때문이다.

평생 쓰는 돈

일전에 한 일간지에서 이런 기사를 읽은 적이 있다. 영국에서 조사한 것으로, 영국인이 연애를 위해 평생 약 7,500만 원 정도를 쓴다는 것이다. 물론 이것은 나라마다 사람마다 차이가 있을 테지만 한 업체에서 조사한 것을 토대로 했을 때 영국인들은 평균 3만 8천 파운드, 한화로 7,500만 원 정도를 쓴다고 한다. 조금 자세히 살펴보자면, 남성들의 경우 첫 데이트를 시작하는 6개월 동안 식사하고 술을 마시는 데 970파운드, 선물에 148파운드, 택시비와 꽃, 초콜릿 값 등에 64파운드 등 평균 1,426파운드를 쓰고 여성은 같은 기간 740파운드를 쓰는 것에 그친다고 한다. 사귀는 관계가 12개월을 넘기다 보면 남자들의 소비는 987파운드로 줄어드는 반면 여성은 조금씩 늘어난다.

어쨌든 이렇게 연애에 드는 비용을 평생으로 계산해 보면 꽤 많은 돈이 든다는 것이다. 우리의 경우 역시 다르지 않으리라 생각한다.

사실 연애는 사람이 살아가는 데 필수지출 사항이라고 보기 힘들다. 물론 사람이 사람을 만나 사랑을 하는 건 하늘의 섭리임에는 틀림없겠으나 꼭 돈이 소비되어야 하는 일은 아니라는 사실이다. 그런데도 이 일에 7,500만 원이라는 돈이 들어간다는 사실에 놀라울 수밖에 없다. 우리에겐 그 외에도 쓸 일이 너무나 많기 때문이다.

그렇다면 사람이 평생 얼마 정도나 쓰고 갈까? 이에 대해 정확한 통계를 낸 자료는 없다. 다만 살아갈 날을 80년으로 잡고 하루 세끼 먹고, 입을 옷과 살 집, 그리고 교육비와 병원비, 기타 취미나 과외 활동을 통해 소비하는 돈 등을 모두 합해 보면 엄청난 금액이 들 것이다.

평생 부자들만 연구해 온 토마스 J. 스탠리 박사는 부자 한 사람이 쓰는 돈은 평범한 사람 100명 이상이 쓰는 돈과 맞먹는다고 한다. 그러니 부자가 소비하는 돈은 상상에 맡기겠다. 이렇게 사람이 평생토록 쓰는 돈의 양은 엄청나다. 태어나기 전부터 죽은 후에까지 돈과 연결되어 있기 때문이다. 이처럼 돈과 사람의 인연은 질기다.

살아 있는 동안 내가 쓸 돈은 얼마나 될까?

Q 당신의 인생을 80년으로 볼 때, 얼마나 돈을 소비할지 생각해 보세요.
단, 태어나기 전과 죽은 후의 비용은 항목에 집어넣지 않습니다.

A 무한대-없어서 못 쓴다.
의식주비용, 교육비, 결혼비용, 주택마련비, 자기계발비용, 자녀교육비, 은퇴자금, 문화생활비, 병원비 등….

4 — 돈이 주는 화려함

자색 옷을 입은 부자

우리는 풍요로움을 허락받았지만 그 풍요가 돈을 잔뜩 움켜쥔 부자를 의미하지는 않는다. 돈이 주는 화려함만을 좇아가는 부자가 아니란 것이다. 그런 탓에 돈에 대한 비유가 나올 때나 부자에 대한 비유가 나올 때면 유난히 부자의 화려한 모습이 자주 그려진다. 그만큼 호화로움을 좇아가는 부자들이 많다는 것을 빗댄 표현일 것이다.

옛날에 부자와 나사로가 살았다. 부자는 걸인 나사로를 무시했지만 나중에 둘 모두 죽고 나서 교만한 부자와 나사로의 인생은 완전히 뒤바뀐다. 나사로는 화려한 천국으로, 부자는 지옥으로 떨어져 자신의 화려했던 삶을 후회하는 모습이 등장한다. 이 이야기 속에도 가난한 나사로에 비해 부자는 무척 화려하고 좋은 모습을 담고 있다. 이에 반해 나사로는 부자의 상에서 떨어지는 부스러기나 받아먹고 사는 그런 구차한 모습으로 표현된다. 아마도 부자를 간결하면서도 화려하게 표현한 것은 돈의 겉모습을 좇으며 살아가는 모습을 보여주고 싶은 뜻이 있을 것이다.

이 비유는 당시 돈을 관리하는 청지기 역할을 하던 바리새인을 교훈하기 위한 이야기이다. 바리새인은 남들에게 보여지는 생활을 하고 있었으며 '돈을 좋아하는' 이들이었다. 그들은 매일같이 화려한 옷을 입고 좋은 것만을 취하며 살았는데, 부자와 나사로의 이야기는 그러한 생활을 책망하고자 쓰여진 비유이다.

고운 옷을 입고 날마다 호화롭게 즐긴다는 것은 무엇인가. 좋은 음식, 좋은 옷, 좋은 곳에서 쾌락을 만끽하며 돈을 쓴다는 이야기를 뜻한다. 돈은 이토록 채색된 이미지를 가지고 있기 때문에 이것을 맛본 사람은 뜨거운 맛을 보기 전에는 채색된 이미지가 마치 진짜 색깔인 듯 착각하며 살기 쉽다. 그래서 누구나 돈이 주는 그 채색된 이미지에 사로잡혀 돈을 좋아하게 되는 것이다.

돈 하면 생각나는 것

한 남자가 있었다. 누가 봐도 준수한 외모에 차림새가 말끔한 데다 매너까지 훌륭하니 그가 가는 곳마다 한바탕 술렁거렸다. 아침마다 들르는 헬스클럽에는 그와 운동하는 시간을 맞추기 위해 클럽에 출근하는 여성들이 늘어났고, 그가 다니는 명품 매장에는 안목 높은 제품을 구입하고자 기웃거리는 사람이 생겼다. 또한 밤이 되면 나이트클럽을 자주 찾곤 하던 그와 한 번이라도 이야기를 나누고자 접근하는 여성들은 물론이요, 그가 타는 차와 옷과 집은 모두 동경의 대상이었다.

사람들은 그가 어떤 일을 하는지 어떻게 명품인간이 되었는지 궁금하지 않았다. 그저 그와 함께하고 싶은 마음에 사건을 만들어내려는 여성, 우연히라도 마주치기 위해 스케줄을 조정하는 여성 등 웃지 못할 광경이 펼쳐지곤 했다.

그런데 어느 날 기막힌 일이 벌어졌다. 나이트클럽에서 한참 호화롭게 즐기고 있던 그에게 경찰이 접근했다. 그러고는 잠시 말다툼이 있었고 달아나려던 그가 잡혀갔다. 그때도 사람들은 생각했다. 뭔가 오해가 있을 거라고, 절대로 경찰서에 갈 사람이 아니라고.

그는 강도로 밝혀졌다. 낮에는 신사로 밤에는 강도로 돌변하여 오랫동안 이중생활을 해왔던 것이다. 그가 걸친 명품과 호화로운 껍데기는 모두 다른 사람을 죽이고 훔쳐서 나온 돈이었다. 사건의 전말을 알게 된 이들은 그때까지도 자신들을 믿지 않았다고 한다. 그는 돈 잘 쓰고 매너 좋은 훌륭한 인품의 소유자라고만 생각했지 나쁜 일을 할 사람으로 보이지 않았다고. 그 강도에게 있어 돈은 사람의 눈을 가리는 화려함과 힘이었던 것이다.

사람들에게 '돈' 하면 생각나는 맨 처음 단어를 적어보라고 했다. 그러자 하나같이 좋은 단어들만 떠올렸다. 일단 돈이 있으면 편리하다, 행복하다, 힘이 있다, 풍요롭다, 필요한 건 뭐든 살 수 있다. 조금 더 나아가면 돈이 있으면 못할 게 없다고 맹신하기도 한다.

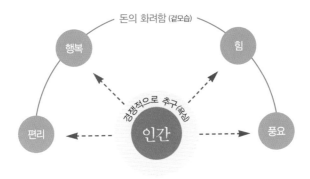

위와 같이 돈 하면 생각나는 단어는 한마디로 풍요와 여유라고 할수 있다. 이러한 것은 돈이 가져다주는 화려한 겉모습이다. 쇼윈도에 화려하게 디스플레이된 옷을 보면 사고 싶은 충동과 함께 그것을 사고야 말겠다는 심리가 자극되듯 화려함에 자극되면 경쟁적으로 그것을 추구하게 마련이다.

돈은 이렇게 화려한 겉모습을 가지고 있다. 그래서 그것에 대한 욕심으로 인해 경쟁적으로 추구한다. 더 많이 벌려고, 더 잘 살려고, 더 화려하게, 남들에게 우러름을 받기 위해 물질적인 부분을 충족하려고 한다. 그러나 반드시 알아야 할 점이 있다.

우리가 주제로 말하고 있는 돈의 세계에도 선악과라는 것이 존재한다는 것이다. 물론 먹음직하고 보기에 탐스럽지만 그 안에 들어 있는 독은 치명적일 수 있다. 그러니 화려한 겉모습만 볼 일이 아니다.

5 — 돈의 원리를 잡아라

무너진 막내의 꿈

A라는 사람은 아주 평범한 직장인으로서 집 장만의 꿈도 꾸며 자녀들을 키우고 있는 가장이다. 그런데 이 집의 막내가 어려서부터 골프 방송을 보더니 골프에 관심을 갖기 시작했다. 결국 아이는 막대기로 공을 치는 등 골프에 남다른 재능을 보였고 그 모습을 우연히 보게 된 체육 선생님이 골프 선수로 적극 추천하기에 이르렀다.

A씨는 고민이 시작되었다. 빠듯한 살림에 빤한 월급, 앞으로 끝이 보이지 않는 교육비 지출에 허리가 휠 지경인데 갑작스럽게 프로골프 선수라니 예상치 못한 일에 당황스러웠다. 막내 아이는 부모님과 만날 때마다 대놓고 조르지는 못하지만 눈빛으로 무언의 압력을 가했다.

A씨는 소유하고 있는 통장이란 통장은 모두 꺼내놓았다. 모두가 대출금 통장뿐이고 월급 통장은 들어오기 바쁘게 빠져나가니 여윳돈이라고는 몇 십만 원도 아쉬운 판이다. 대출은 더더욱 불가능하다. 이러지도 저러지도 못하는 그의 모습을 보며 아내도 안타깝다.

"휴~ 그놈의 돈이 웬수지. 대체 돈이 다 어디로 갔지?"

뒷마당으로 돌아나온 A씨는 어깨를 잔뜩 웅크린 채 구부려 앉아 길다란 나무 막대를 손에 잡는다. 그리고 작은 칼을 이용하여 솜씨 있게 다듬어 갔다. 지금 상황에서 그가 해줄 수 있는 최선의 방법은 튼실한 나무막대 골프채라도 만들어 쥐어주는 것뿐이다.

그 모습을 멀리서 막내가 바라보고 있었다. A씨 역시 아이가 자신을 바라보고 있다는 사실을 알면서도 차마 알은척을 할 수 없다. 해줄 수 있는 일이 없기 때문이다. 그렇게 두 부자는 말없이 서로의 꿈을 깎아내리고 있었다.

흔히들 '돈이 웬수다'라는 이야기를 자주 한다. 돈이 없기 때문에 나온 말들이다. A씨의 이야기 역시 돈이 부족하기 때문에 온 가족이 모두 불행에 빠져 있음을 알 수 있다.

'당신은 왜 돈을 법니까'라는 질문을 던지면 두 가지 답을 한다. 하나는 돈의 화려함이 좋아서 돈을 벌고 싶어하고, 또 하나는 돈이 없으면 고통이 다가오기 때문에 돈을 벌고 싶다고 한다. 그렇다면 돈이 없다면 어떤 고통들이 찾아올까?

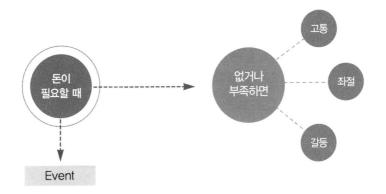

그림과 같이 돈이 없음으로써 발생되는 문제들은 고통과 좌절과 갈등이다. 실제 치료받을 돈이 없어서 병을 키우는 경우, 평생 가난에 허덕이며 한 끼를 걱정해야 하는 경우, 꿈을 이루지 못해 좌절한 인생을 사는 경우 등등 돈이 없어서 발생되는 문제들은 무수히 많다. 이러한 이유로 우리는 풍족함을 원하는 것이다.

돈의 플러스 마이너스

지금 42.195킬로미터를 뛰어야 하는 마라톤 출발선에 모범생, 평범남, 별로군 이렇게 세 명이 있다. 명문대를 졸업하여 좋은 직장을 잡은 전도유망한 모범생, 일반대학을 나와 일반 중소기업에서 일하게 된 평범남, 고등학교만 졸업하고 작은 회사에 취직한 별로군은 일단 연봉에서부터 차이가 난다. 모범생에 비해 별로군은 연봉이 반도 안 될 정도이니 이 마라톤은 해보나마나라고 생각할 것인가.

아마 그렇더라면 너무도 허무한 인생일 것이다. 다행히 결승점에서의 순위는 아무도 모른다. 그런데도 많은 이들이 자신의 자녀만큼은 모범생으로 키워내길 원한다. 부모의 보상심리가 작동했을 수도 있고 사회적인 조류에 떠밀려갔을 수도 있다.

그러나 세 명의 인생에서 경제적인 면만을 보았을 때 결승점에 누가 먼저 도달하는지는 아무도 알 수 없다. 절대적으로 개개인의 관리능력에 달렸기 때문이다.

경제적인 성공여부 역시 마라톤 경기에 비유할 수 있다. 수많은 변수와 환경에 의해 바뀔 수 있는 것이 경기이므로 스타트라인에서 누가 우세했는가에 상관없이 승패가 바뀔 수 있다. 이때 가장 관심을 두어야 할 것은 돈을 어떻게 바라보는가이다.

우리는 돈을 두 가지 방향으로 본다. 하나는 화려한 모습, 또 하나는 없음으로 인해 고통받는 모습. 이것을 플러스 마이너스 방향이라 하겠다.

사람들은 플러스를 무척 좋아한다. 뭐든지 더해지고 보태지는 돈의 플러스를 지향하고 있기 때문에 마이너스의 방향, 즉 고생스럽고 고통받는 현실적인 문제는 자세히 살펴보려 하지 않는다. 사람의 눈이 공평하게 두 개 있고 한쪽은 플러스를 또 한쪽은 마이너스를 보면 좋으련만 사람들은 두 눈을 크게 떠서 한쪽을 바라보며 산다.

그림과 같이 대다수의 사람들은 위로 향한 채 이상을 좇으며 살아

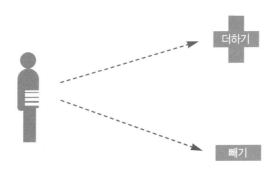

간다. 앞서 예로 든 마라톤을 보자. 항상 바람이 좋거나 물이 풍부하거나 코스가 좋을 것이라며 달려간다면 달리는 중에는 즐거울 수 있을지 몰라도, 정작 난코스가 나오거나 물이 부족하거나 몸이 좋지 않은 상태가 올 때 급격히 컨디션을 잃고 만다. 이것은 결승선으로 향하는 데 지대한 영향력을 미칠 것이다. 이 모든 것이 너무 좋은 면, 플러스 요소만을 바라본 결과다.

마라톤을 완주하기 위해서는 체력 안배가 제일 중요하다. 초반 레이스에서 온 힘을 다 쏟아부으면 체력을 소진하여 마라톤을 중도 포기할 수밖에 없다. 인생의 마라톤도 이와 같다. 좋을 때 언제 닥쳐올지 모르는 어려움에 대비해 경제력을 비축하는 것이 마라톤을 완주하는 데 제일 중요하다. 하지만 우리는 돈이 있음으로 인해 얻는 화려함과 달콤함을 지금 누리려고 하고 그것을 더하려고만 하지 마이너스 방향에 존재하는 고통을 대비하는 데는 인색하다.

우리는 원래 더하기를 좋아한다. 민족성 자체가 덤으로 준다거나 무엇에 무엇을 포개는 식의 더하기쪽 의식을 갖추어 왔기 때문일까, 더하기는 왠지 이익이 될 것 같은데 빼기는 왠지 손해보는 느낌이 든다. 더 나아가 마이너스를 안 보려고 하고 없어지길 바란다. 그러나 분명히 마이너스는 존재한다. 지금까지 돈으로 인해 벌어진 수천 년의 역사 속 사건들을 보면 알 수 있지 않은가.

그런 이유로 사람들은 돈의 마이너스 방향, 즉 돈이 없음으로써 발생되는 문제들로부터 벗어나기 위해 그토록 부를 꿈꾸는 것이다.

Chapter $3

How to

어떻게 돈을 이길 것인가?

겸손한 부자

　자신보다 어려운 이웃을 돌봐주고 남몰래 좋은 일을 많이 하는 부자 한 사람이 살고 있었다. 그는 워낙 부지런하고 겸손한 덕분에 부를 많이 쌓을 수 있었고 좋은 일에는 항상 앞장서기에 마을 사람들이 그를 존경했다. 그런데 세월이 흘러 그에 관한 이야기들이 여기저기 퍼져 나가면서 그 나라의 왕의 귀에까지 들어갔다.

"쳇, 왕인 나보다 그 사람을 더 좋아하다니… 가만 있을 수 없지. 그 사람을 좀 혼내줘야겠다."

왕은 그 길로 신하들을 그 부자에게로 보냈다. 부자네 집을 찾아간 신하들은 집에 들어가자마자 부자로부터 식사 대접을 받았다. 아무것도 모른 채 대접에만 여념이 없던 부자를 보면서 신하들도 미안한 마음이 들었지만 어쨌든 명령이니 일을 해야 했다. 신하들이 부자를 불러 임금의 명을 전했다.

"당신에게 무척 훌륭한 소 한 마리가 있다는 이야기를 들었네. 우리 임금님께서 그 소를 가져오라고 하시니 자네가 내놓아야겠네."

"네? 아, 이걸 어쩌면 좋지요? 저는 오늘 귀한 분들을 접대하기 위해 어제 그 소를 잡았습니다."

이에 감동을 받은 신하들은 다시 궁으로 돌아가서 사실대로 말했다. 그러자 임금은 더욱 화가 났다. 그런 훌륭한 부자가 있으니 자신이 더 존경받지 못하는 것 같았다. 그래서 이젠 아예 부자를 죽이기로 마음먹고 무사를 그에게 보냈다.

부자가 사는 동네로 간 무사는 일단 그날 밤을 묵어야 할 인가를 찾아야 했다. 그런데 마침 낯선 사람이 마을에 들어온 것을 본 부자가 자신의 집에 그를 데려온 것이다.

"이곳이 낯설 테니 오늘 밤 저희 집에서 계시도록 하시오."

"이것 참 고맙게 됐습니다."

아무것도 모르는 무사는 부자의 집에서 하룻밤을 묵고 다음날 아침이 되어 떠날 채비를 했다.

"정말 고맙습니다. 사실 저는 임금님의 명령을 받고 이 마을에 사는 겸손한 부자를 죽이러 왔소. 그 사람은…."

무사의 말을 듣고 있던 부자가 잠시 바깥으로 나갔다가 칼 한 자루를 쥐고 들어왔다.

"당신 말을 듣고 보니 그 부자라는 사람이 저를 말하는 것 같습니다. 제가 겸손한 것은 아니나 그래도 여러 이야기를 들어보니 제가 맞소. 그러니 어서 나를 죽이시어 임금님의 명령을 따르십시오."

무사는 부자의 겸손한 마음을 보고 차마 죽일 수 없어 그 길로 바로 궁으로 돌아가 사실대로 말하기에 이르렀다. 그러자 이야기를 듣고 있던 임금이 무릎을 탁 치며 말했다.

"제 목숨까지도 남에게 내어주다니… 과연 왕인 나보다 훌륭한 것이 착하고 겸손한 그 마음이었구나."

부자에게서 많은 것을 깨달은 임금은 그 길로 부자를 찾아가 용서를 빌었다.

1— 돈을 어떻게 바라볼 것인가

일본의 한 청소년 연구소에서 한 연구 결과를 발표했다. 그들이 조사한 것은 청소년들의 부자에 대한 의식이었는데, 그 결과가 의미가 있다.

돈에 대한 애착이 어느 정도인지 각 나라별로 알아본 내용으로, 우리나라 청소년들이 미국이나 중국·일본의 청소년들보다 그 애착 정도가 강했다는 것이다. 유독 한국의 청소년들이 부자를 훨씬 많이 존경하고 돈이면 무엇이든지 할 수 있다는 황금만능주의에 빠져 있다고 한다. 10대 청소년들조차 돈이면 권력도 살 수 있고 돈만 있으면 존경받을 수 있으며 결혼 상대자는 반드시 돈이 있어야 한다는 생각이 다른 나라 청소년에 비해 2배나 더 높았다고 한다. 더군다나 돈을 벌기 위해서 어떤 수단을 동원해도 좋다는 생각을 하고 있다는 충격적인 응답은 사회 전반적으로 얼마나 돈에 끌려가며 사는지 보여주는 단면이다.

지금까지 우리는 무조건 부자가 되는 방법에만 포커스를 맞추었다. 그러나 그렇게 황금만능주의에 빠져 살다가 사회가 죄와 악으로 들끓게 되었고 이웃을 위한 선행이 아주 드문 일로 주목받는 세상이 되었다.

이제는 부자가 되는 것보다 선행되어야 할 것이 있다. 먼저 돈을 이겨야 한다. 그렇지 않고서는 또 돈에 끌려가는 불행한 인생을 되풀이할 뿐이다. 돈을 이기는 방법을 알지 못하고 부를 이루려는 것은 어불성설이다.

많은 이들이 '부자가 되면 모든 경제적인 문제는 자동 해결되고 다른 문제도 해결될 거'라고 생각하며 돈에 끌려다닌다. 물론 이 말도 완전히 틀렸다고 할 수는 없다. 단지 우리가 착각하고 있을 뿐이다. 여기서 '부자가 되면'이라고 했지 반드시 부자가 된다는 말을 하지 않았기 때문이다.

자신이 부자가 되면 당연히 돈이 많아지니 어려움이 없겠지만 그것이 안 되면 누가 책임질 수 있겠는가. 돈을 많이 벌고 투자해서 수익을 많이 내는 일은 마음대로 되지 않는다. 지극히 불확실한 사실이다. 이렇게 불확실한 것을 쫓아가고 있기 때문에 돈을 이기지 못한다.

돈은 부자가 되는 필요충분 조건은 아니다. 두 가지 양면성을 지닌 필요악이다. 이리한 돈에 대한 인식이 확실히 되어 있지 않고서는 물질에 정복당할 수밖에 없다. 돈을 이기기 위해서는 막연하고 불확실한 플러스를 쫓아가는 것이 아닌 확실한 문제인 마이너스를 제거하는 것이 최우선되어야 한다. 자신이 가지고 있는 네 가지의 무기를 가지고 철저하게 계산하고 자산을 관리함으로써 확실한 이벤트를 제거해 나가야 돈으로부터 자유로워질 수 있기 때문이다. 그렇게 되면 더 이상 화려한 돈의 겉모습만 따라 불확실한 구름을 따라다니지 않을 것이다.

다시 말하지만 돈은 관리해야 할 대상이고 이겨야 할 대상이다.

2 — 어떤 부자를 꿈꾸는가

우리는 돈이 무엇이고 왜 돈을 버는지 벌지 못하는지 알아보았다. 돈은 결코 만만하게 볼 존재가 아니며 이것에 정복당해서는 세상을 다스릴 수 없다. 그렇다고 돈을 완전히 무시하여 부를 경멸하는 것은 더더욱 안 될 일이다. 우리의 의무이자 권리는 가난을 자랑스럽게 여길 게 아니라 우리에게 주어진 풍요로움을 바라보며 제대로 누리는 것이다.

이제 우리는 어떤 부자가 될 것인지 결정해야 한다. 돈이라는 무서운 힘에 정복당해 평생토록 끌려갈 것이 아니라, 돈으로부터 자유

롭고 때에 따라 물질을 다스리는 행복한 부자가 될 것을 선택해야
한다.

간혹 세상의 행복한 몇몇 부자들을 보면 돈으로부터 자유롭다.
한 푼 더 벌기 위해 자존심을 버리지 않고 당당하게 돈을 벌고 행복
하게 사용한다. 우리 역시 그렇게 될 수 있다. 돈을 이기는 부자가
되기를 결정하는 순간 당신의 삶은 그렇게 방향 전환할 것이기 때
문이다.

우주는 당신을 향해 열려 있다. 우리가 뭔가 결정하는 순간 우주
는 우리의 신호를 받아 그에 마땅한 것들을 끌어다 붙인다. 이 땅이
창조될 때 세상의 물질이 풍요로웠고 지금도 그 풍요는 우리에게 향
해 있다. 그것을 끌어당길 역할을 당신이 해야 한다.

『시크릿』에서는 찰스 필모어의 이런 말을 인용하고 있다.

'눈에 보이는 부의 원천인 영적인 연료는 결코 고갈되지 않는다. 항상
당신과 함께 하고 당신의 믿음과 요구에 부응한다.'

이처럼 풍요를 상상하되 집착하지 않으며 부를 꿈꾸되 돈에 정복
당하지 않는다면 반드시 세상의 풍요는 당신의 손에 쥐어질 수 있다.

이 장에서는 돈을 이기며 풍요를 누릴 수 있는 뉴플러스 원리 열
가지를 소개하고자 한다. 이 열 가지 원리는 그동안 돈에 정복당한
채 불행하게 살았던 사람들을 조금 더 나은 풍요로 이끌어줄 것이

고, 돈 많은 부자로 살았던 이들에게는 행복한 부자로 가는 길로 이끌어줄 것이다. 중요한 사실은 모두 돈을 이기는 자유인으로 한 발다가설 수 있으리라는 것이다.

참 부자가 되는 뉴플러스 원리 10가지 - - - - - - - - - - - - - - - -

뉴플러스 원리1_ 마이너스를 마이너스하라

숨겨진 더하기를 찾아라

돈을 이기는 뉴플러스 원리는 돈의 마이너스 면을 제거하여 행복한 부자로 가는 원리를 말한다. 그러나 사람들은 아직도 더하기에 기웃거린다. 그런데 보이는 더하기는 누누이 말했듯이 화려함으로 포장되어 있어 이것에 집착하면 돈에 정복당한다.

지금까지 우리가 생각했던 더하기는 보이는 더하기였다. 화려함과 편리함, 윤택함과 사치를 누릴 수 있게 하는 더하기였다면, 이제 다른 더하기가 있음을 인식해야 한다.

수학의 계산 원리 중에 마이너스가 마이너스와 만나면 플러스로 바뀐다. 2에서 마이너스 2를 빼면 2-(-2) = 2+2와 같게 된다. 새로운 플러스가 발견된 것이다. 마이너스 원리에서도 이 새로운 플러스 원리를 적용하면 달라진다

지금까지 우리가 생각했던 더하기는

 보이는 더하기

우리가 새롭게 발견한 더하기는

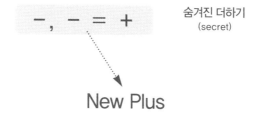

숨겨진 더하기
(secret)

New Plus

그렇다면 뉴플러스란 어떤 것을 의미할까. 숨겨진 더하기는 여러 가지 의미로 해석할 수 있다. 지금까지 돈이 지니고 있던 숨겨진 문제들인 마이너스(-)를 제거(-)함으로써 인생의 더하기를 맛볼 수 있다는 의미가 될 수 있다. 이것은 앞서 말한 모든 원리들을 통해 이미 알아본 것이다. 또한 우리의 행복과 꿈을 달성하는 데 장애물이나

위험한 요인들을 먼저 제거함으로써 궁극적으로 우리가 원하는 행복과 꿈이 따라오게 되는 것이다. 우리가 보이는 더하기를 쫓아가는 삶이 아니라 되어지는 삶으로 바꾸는 원리이다.

지뢰밭에서 당신의 아이를 놀게 한다면 어떻게 하시겠습니까?

① 지뢰가 있는 곳을 알려주고 피해서 놀게 한다.
② 지뢰를 완전히 제거하고 놀게 한다.

이 질문에 당연히 ②번을 선택하여야만 한다. 하지만 놀랍게도 많은 사람들이 ①번을 선택한다. 그 이유는 위험 불감증에 젖어 있기 때문이다. 사회의 경제활동도 마찬가지이다.

투자를 하더라도 얼마를 벌 수 있느냐에 귀 기울이고 어떤 위험이 있는지는 그 다음이다.

①번의 경우가 그러하다. 투자하면 돈을 벌 수 있다, 이렇게 저렇게 하면 수익을 얻을 수 있다 하여 투자를 권유하고 또 그럴 수 있다고 생각하여 투자한다. 하지만 그 방법에는 지뢰가 제거되지 않고 숨어 있을 뿐이다. 여전히 밟으면 터진다. ②번은 위험 요소를 완전히 제거한 후에 놀기 때문에 그 안에서 아이가 넘어져도 뛰어놀아도 아무 위험이 없다. 왜냐하면 거기엔 지뢰가 아예 없기 때문이다.

나의 지뢰밭은 어떤 상태인가?

인생의 위험이 숨어 있는지? 아예 제거되어 있는지?

우리의 인생설계는 지뢰를 제거하는 데 우선순위가 있어야 하고 그것을 통해 자동적으로 행복이 따라와야 한다. 행복과 부를 쫓아가다가 실패하여 지뢰를 밟아서는 안 된다.

뉴플러스는 참 더하기(+)다

뉴플러스는 보이는 더하기가 아니라 참 더하기로 우리들의 삶을 건강하게 하고 행복을 가져다주고 부자도 되게 한다. 보다 나은 편리를 추구하다 보면 비용이 추가 발생하게 된다.

예를 들면 걸어서 가는 것과 자전거로 가는 것과 대중교통을 이용하는 것과 자가용으로 가는 것은 자가용 쪽으로 갈수록 편리하게 된다. 하지만 우리의 건강은 어떤가? 어느 것이 건강에 가장 좋은 것인가? 그것은 편리의 순서와 반대이다. 즉 걸어가는 것이 자가용보다 건강에 더 좋을 것이다.

따라서 우리는 건강에 좋지 않은 편리와 편함을 추구하기 위해 비용을 더 지출하지만 건강은 오히려 나빠지고 있는 것이다. 우리는 돈으로 더 편하게 살 수 있다. 손 하나 까닥하지 않고 살 수 있다. 개인비서 자가용기사 등 자신의 행동을 대신할 사람들을 돈으로 살 수 있다. 돈으로 좋은 것, 기름진 것을 먹고 손도 까딱하지 않고 산다면 어떤 현상이 일어날까? 기름이 흐르는 배 나온 뚱뚱한 부자가 연상이 될 것이다. 혼자 힘으로 잘 걷지도 못하는 부자가 행복한 것인가. 돈과 편의 때문에 자신의 건강을 해치고 있는 것이다. 이런 사람보다 건강하게 움직이는 사람이 더 행복한 것이다.

그러므로 우리는 현재 누워 있으면 앉아야 하고 앉아 있으면 일어서야 한다. 그것이 우리가 가장 건강하게 사는 방법이다. 부지런하게 움직이는 건강한 삶이 진정한 행복인 것이다. 따라서 뉴플러스는 보이는 사치, 외향, 편리, 달콤함 등 우리 삶을 건전하게 살지 못하게 하는 것들을 제거함으로써 기쁨과 행복이 새롭게 생겨나고 또한 그를 통해 돈이 생기게 되는 것을 말한다. 이것이 뉴플러스이다. 결국 건전한 사고방식으로 건강하게 살면 돈이 생기는 것이다.

용서로 마이너스하라

한 여성이 있었다. 그녀는 나름대로 짜임새 있게 가계를 운영한 결과 사회생활 7년 만에 작은 아파트 한 채를 마련할 만큼 똑순이가 되었다. 그녀의 가계부는 어찌나 꼼꼼하게 정리되어 있는지 매달마다 자신이 벌어들인 수입이 어떻게 쓰여졌는지 나름대로 철저히 분석하기도 하고 절대로 충동구매 홈쇼핑은 하지 않는다고 하여 집 안에 TV는 아예 들여놓지도 않았다. 그렇게 7년의 사회생활을 통해 완전히 독립한 그녀는 또 다른 꿈을 이루기 위해 가계의 경제성장에 한창 재미를 붙이고 있었다.

그런데 그 즈음 시골에서 올라온 중학교 동창생이 그녀의 집에 거주하게 되었다. 오갈 데 없이 서울로 올라온 친구였기에 그녀는 생활비만 어느 정도 받는 것으로 하여 친구를 위해 선심을 썼다. 그렇게 몇 달을 함께 생활하는데, 하루는 전문직 기술을 배우러 다니던 친구가 뭔가 물건을 잔뜩 집으로 싣고 온 것이다. 그녀의 말로는 끝도 안 보이는 공부는 그만두고 영업으로 승부를 걸겠다는 것이었는데, 왠지 석연찮아 보였다.

그러나 불행한 예감은 정확히 맞아떨어진다고 했던가. 집이 없던 친구는 그녀의 명의를 빌려 그 많은 물건들을 실어 왔으며 자신도 모르는 사이 그녀는 친구의 보증인이 되어 있었던 것이다. 그 사실을 알게 되었을 때 이미 그 친구는 사라지고 난 뒤였다.

그녀는 하루아침에 보증인으로서 물건 값을 물어주어야 했으며 친구가 선불로 지급받은 돈까지 몽땅 물어줘야 할 지경에 이른 것이다. 결국 그녀는 자신의 집을 팔아 돈을 지불해야 했고 급기야 위장병까지 얻게 되어 회사까지 휴직하게 되었다.

밤마다 그녀는 악몽에 시달렸고, 잠에서 깨어나면 7년간 키워온 꿈이 사라진 단칸방에서 매일 고통 속에서 보내야 했다. 그 친구 생각만 하면 속에서 분노가 치솟았고 통장 잔고에 몇만 원 있는 것을 볼 때면 좌절감에 몸을 떨었다. 돈이 있을 때는 몰랐는데 막상 없고 나니까 생겨나는 문제들에 직면할 때면 죽고 싶은 마음까지 들었다.

날마다 말라가는 그녀를 본 사람들은 그녀를 걱정했다. 예민해져가는 그녀를 동정했다. 그때 그녀의 아버지가 시골에서 올라오셔서 이런 말씀으로 그녀를 위로했다.

"네 속에 그 홧덩이를 풀어내야 한다. 네가 먼저 용서를 해야 돈도 따라온다."

아버지의 이야기에 그녀는 조금씩 변화되기 시작했다. 생각해 보니 돈 잃고 친구 잃고 건강까지 잃게 되었다. 그러니 용서를 하면 건강과 친구는 잃지 않을 것이라는 생각이 들었다. 그리고 시인하기 시작했다.

'나는 이제 진심으로 널 용서해. 그래 널 자유롭게 놓아준다. 매일 고통 속에서 살았던 나를 용서하자. 이제 너와 나의 부정적인 감정은 모두 지우자.'

사실 그녀가 친구를 완전히 용서하는 데는 2년이 걸렸지만, 신기하게도 돈으로 인해 받은 마이너스에 용서로 마이너스를 시키니 점점 생활이 달라지기 시작했다. 다시 회사에 나가게 되고 다시 그녀만의 노하우로 조금씩 가계부가 활기를 찾아갔다. 뿐만 아니라 한참 뒤 자신의 통장으로 들어온 1억에 가까운 돈을 선물로 받았다. 그녀에게 용서를 받은 친구로부터 온 선물이었다. 또한 그녀는 새로운 부를 창출하기에 이르렀다. 자신의 가계 살림의 노하우와 자신이 겪었던 위험상황에 어떻게 대처할 것인지에 대한 온라인 강좌를 시작하게 된 것이다. 이것은 창조적인 부를 만들어냈고 그녀는 어엿한 CEO가 되었다.

용서라는 것이 왠지 자신이 손해 보는 느낌이 들 수 있다. 하지만 용서는 자신을 위한 선택이라는 것을 알 수 있다. 결국 용서를 통해 가장 큰 수혜를 받는 것은 자신이기 때문이다. 돈으로 인해 여러 고통의 마이너스들을 용서라는 마이너스와 만나게 할 때 우리가 상상도 할 수 없는 새로운 플러스가 생겨날지 모른다.

인생에서 마이너스는 시시각각 돌진해 온다. 어느 순간 거리에 나앉을 수 있고 질병에 걸려 하루아침에 고통을 당할 수도 있다. 이러한 경제적 고통, 즉 마이너스 가운데에서 그리스도 복음의 중심에 있는 심는 것과 나누는 것의 마이너스를 비출 때 복을 쏟아부어 주시는 믿음의 축복인 새로운 뉴플러스가 나타날 수 있다. 그렇게 될 때 당신은 세 가지 동그라미 속에 안전하게 거주할 수 있을 것이다.

이제 당신과 당신의 가정은 완벽히 준비되었습니다.

신의 영역은
보장되어 있지 않습니다.

게으른 본성을 마이너스하라

좀 더 눕고 좀 더 자면

한 농부가 있었다. 그는 아침 일찍 일어나 논을 돌아보는 것으로 하루를 시작했고 밭을 갈고 논을 돌보며 하루를 보냈다. 새참 먹는 시간 외에는 하루 종일 땅만 보고 일하던 그에게 동네 사람들은 일벌레라는 별명까지 붙여 주었다.

그런데 하루는 멀리 살고 있던 친구가 그를 찾아왔다. 오랜만에 친구를 만나게 된 농부는 무척 기쁘게 그를 맞아 주었다. 따끈한 밥을 해서 대접했고 옷도 한 벌 마련해 주었다.

"자네, 이왕 어렵게 우리 집에 왔으니 며칠 푹 쉬다 가게나."

"그러겠네. 그나저나 자네 할 일이 많을 텐데, 쉬는 건 내가 알아서 쉴 테니 자네는 볼일 보게나. 내가 논으로 나가 자네를 보면 되니까."

"그럼 그러겠나?"

농부는 집에 친구를 남겨 두고 논으로 나가 모내기를 하고 물을 채우는 등 땀 흘리며 일을 시작하였다. 얼마 뒤 친구가 논으로 나왔다. 허리를 구부린 채 일하고 있는 친구를 흐뭇하게 바라보던 친구는 잠시 쉬려고 나온 농부에게 말하였다.

"자네는 정말 열심히 일하는구먼. 그러니 이렇게 좋은 땅을 가꾸었겠지. 그런데 자네 아직도 모든 일을 손으로 하나? 이제 농사일도 점점 기계의 손을 빌리고 있다네. 마침 내가 기계를 가져왔으니 자네도 한번 기계를 이용해서 벼농사를 해보게나."

농부는 반자동식 모내기 기계를 보며 깜짝 놀랐다. 아직 그런 기계를 본 적이 없던 터라 사람의 손을 기계가 대신해 준다니 놀라울 뿐이었다. 처음에는 작동하는 게 영 시원찮아 그만둘까 생각도 했지만 점점 손에 익숙해지자 시간이 단축되고 힘도 덜 든다는 사실에 농부는 흥분을 감추지 못했다. 뿐만 아니었다. 논에 약을 칠 때도 기계를 이용해서 칠 수 있다는 친구의 말에 놀랍기만 했다.

그렇게 1주일이 흘렀다. 그런데 농부의 아침 기상 시간이 5분 10분 늦어지기 시작했다. 친구는 의아하여 농부에게 물었다.

"자네, 벌써 논에 나갈 시간 아닌가?"

"응. 5분만 더 있다 나가지 뭐. 내겐 기계가 있잖나. 다른 논에 비해 우리 논은 일이 벌써 앞서나가고 있으니 걱정할 것 없네. 그나저나 이렇게 집에 앉아 있으니 참 좋구먼."

또 1주일이 흘렀다. 이제 농부는 아예 아침까지 먹고 느지막이 논으로 나가고 있었다. 친구가 오히려 더 걱정스러웠다.

"걱정 말게. 농사라는 것도 다른 집과 엇비슷하게 해야 하는 거라고. 내가 조금 여유를 부린 것이니 이제 다들 엇비슷해졌을 거야."

이제 농부는 집에 있는 시간이 길어졌다. 친구와 장기도 한 판 두고 밭에 나가는 일은 세 번에서 두 번, 두 번에서 한 번으로 줄어 있었다. 또 그렇게 며칠이 흐르자 이젠 친구가 더 다급해졌다.

"자네, 정말 왜 이러나? 자네같이 열심히 일하는 농부가."

"이보게 친구, 내가 농사를 짓다 보니 기계가 얼마나 편리한 건지 몰랐네. 시간을 계산해 보니 1주일에 3일만 나가면 농사를 지을 수 있겠어. 어차피 사람 손이 가는 걸 기계가 더 잘해 주니 말이야. 그래서 말인데 오늘 나와 여행이나 다녀옴세."

"아니 이 친구가. 이보게, 땅을 그렇게 내버려두겠단 말인가? 내가 정말 친구를 잘못 봤구먼. 안 되겠네. 이제 내가 떠나야 할 것 같네. 당장 떠날 테니 자넨 자네 일이나 부지런히 하게."

친구는 서둘러 떠났고 농부만 혼자 남게 되었다. 농부는 친구가 떠나자 방바닥에 벌렁 누우며 중얼거렸다.

"그래, 이젠 더 좋은 기계가 나올 거야. 한번에 모내기가 싹 되고 한 번만 치면 벌레 같은 것도 나지 않는 그런 약도 나오겠지. 아, 아니야, 집에서 버튼 하나만 누르면 저절로 농사가 될지 누가 아는가? 흐흐… 그래, 그러니 좀 더 누워서 좀 더 자자."

일벌레였던 농부는 이제 게으름뱅이 농부가 되었다. 그의 땀과 정성이 밴 논에는 벼가 자라지 않았고 밭에는 잡풀들만 무성히 자라 도대체 밭인지 구분조차 되지 않았다.

사람의 본성

개미와 베짱이 우화를 기억할 것이다. 부지런한 개미와 여름내 놀고 지내다 먹을 것 없이 추운 겨울을 보내야 한 베짱이의 서글픈 사연을 들으며 어떤 이들은 이야기를 비틀기도 한다. 여름 내내 놀았던 베짱이가 겨울이 되었을 때 개미와 협상을 하면 된다는 것이다. 본인의 음악적 재능을 겨우내 심심해 할 개미들을 위해 제공하면, 양쪽이 모두 이익이 된다는 의미다.

그러나 여기엔 오류가 있다. 개미가 심심해 하리라는 사실은 불확실하다. 집단생활을 하다 보면 저절로 음악이 생겨나고 춤이 생겨나며 놀이문화가 형성된다. 여러 문화들이 그랬기 때문이다. 그렇기 때문에 개미들 사이에 놀이문화는 자연스럽게 만들어질 텐데 굳이 베짱이의 음악이 필요할까? 그건 불확실하다.

베짱이는 사람의 본성을 잘 드러내주고 있다. 앞서 나온 농부도 마찬가지로 사람의 본성을 여실히 드러내주고 있다.

서 있으면 앉고 싶고, 앉아 있으면 눕고 싶고, 누워 있으면 자고 싶은 게 사람의 본성이다. 농부의 변화를 두고 혀를 차고 있을 일이 아니다. 누구라도 그런 상황에 놓였을 때 본능적으로 편리함을 추구하므로 그렇게 되기 쉽다는 이야기이다. 다만 그것을 이기고 일어나느냐에 성패가 달렸을 뿐이다.

돈을 이기는 부자가 되기 위해서는 가장 먼저 해야 할 일이 사람의 본성을 마이너스시켜야 한다. 다시 말해 눕고 싶고 자고 싶은 게으름의 본성을 처리해야 한다는 것이다.

미국에서 백만장자에 오른 1,000명을 대상으로 조사했더니 부자가 되기 위해 가장 중요한 것은 '부를 축적하기 위해서는 절제와 희생, 근면이 필요하다'는 것이었다고 한다. 내로라하는 부자들도 근면과 성실로 일하고 있는데, 평범한 사람들이야 더 이상 할 말이 필요 없을 것이다.

이처럼 돈을 이기는 부자가 되기 위해서는 편리함을 추구하고 싶은 자신을 항상 의식하고 있어야 본성을 마이너스시킬 수 있다. 부지런한 본성을 이끌어내야 부자가 되는 첫걸음을 뗄 수 있다. 부지런함이 무디어질 때마다 너무도 잘 알고 있는 부지런한 개미를 떠올리기 바란다.

본성을 마이너스한 여성

지금 이야기할 대상은 남성들이 부각되던 시대에 여성으로서 유일하게 성서에 나오는 룻이란 사람이다. 룻을 선택한 까닭은 그녀야말로 인간의 본성을 마이너스시켜 행복한 부자가 된 여성이기 때문이다.

이스라엘에 나오미라는 여성이 있었다. 그녀는 남편과 두 아들과 함께 살던 베들레헴을 떠나 모압 지방으로 가게 된다. 불행하게도 그곳에서 남편을 떠나보내고 두 아들과 남겨진 나오미는 모압 지방의 여성 둘을 며느리로 맞이했는데, 그중 두 번째 며느리가 바로 룻이다. 그런데 결혼한 지 얼마 되지 않아 두 아들이 모두 죽게 되어 나오미에게는 아무런 친족이 남아 있지 않게 되었다. 결국 그녀는 다시 베들레헴으로 돌아오는데, 각자 갈 길을 찾아가라고 놓아주었던 룻이 시어머니를 따르겠다며 함께 베들레헴으로 돌아오게 된다.

룻과 나오미의 생활은 가난했다. 그 당시 남성이 집안을 이끌어 가던 시절이었으니 능력도 없는 두 여인이 할 수 있는 일이라고는 떨어진 이삭을 주워 끼니를 연명하는 일뿐이었다. 비록 먹을 것도 가문을 이을 누구도 없이 불행한 룻이었지만 그녀는 거기에 주저앉지 않았다.

그들이 베들레헴으로 돌아왔을 때는 보리 추수를 시작할 즈음이었다. 룻은 시어머니와 함께 살기 위해 일을 시작한다. 바로 이삭을 줍는 일이다. 그녀는 생면부지의 땅으로 향해 추수하는 이들을 따라 밭에서 이삭을 줍기 시작했다. 그러다 보니 남편의 친족인 보아스에게 속한 밭까지 이르게 된다. 그녀가 어찌나 부지런한지 우연히 그녀의 모습을 보게 된 보아스에게 사환도 칭찬한다.

부지런한 룻에게 감동받은 보아스는 그녀에게 자신의 밭에서 계속 이삭을 줍도록 허락하였고 목이 마르거든 소년들이 길어온 것을 마시게 선의를 베푼다. 그 후 룻은 추수가 끝날 때까지 보아스의 밭에서 하루 해가 저물 때까지 이삭 줍는 일에 매진한다. 그리하여 시어머니의 근심을 덜어주었고 시어머니는 룻의 부지런함에 감동받은 보아스를 자신의 끊어진 대를 이어줄 자로 여기게 되어 룻과 보아스가 결혼을 하게 한다.

룻은 보아스와 결혼하게 됨으로써 가문을 다시 일으켜 세우는 큰 일을 행하게 되었고, 무엇보다 부유하고 풍족하며 그녀를 사랑하는 남편을 맞게 됨으로써 행복한 부자로 거듭난다.

만약 룻이 편안함만을 추구하며 모압 지방에서 자신의 친정으로 갔다면 많은 것이 바뀌었을 것이다. 나오미의 집안은 그대로 끊어졌을 것이고, 룻은 그저 그렇게 아무것도 못하는 여인으로 살면서 평생을 마쳤을 것이다. 그러나 그녀는 편안함을 추구하는 본성을 버리고 자신에게 이방 나라인 베들레헴을 택했으며, 하루 종일 쉬지 않고 부지런히 일함으로써 말로 할 수 없는 축복을 받았다.

뉴플러스 원리3 _ 가난의 언어를 마이너스하라

한마디 말이 바꾼 가정

자산관리를 하다 보면 많은 사람들과 만나게 된다. 그런데 어떤 사람은 참 좋은 환경 속에서 살면서도 부를 누리며 살지 못하는 경우를 본다. 반면 어떤 사람은 특별히 좋은 조건을 갖춘 것도 아닌데 나름대로 넉넉한 삶을 누리는 것을 본다. 왜 그럴까 생각해 보면 그들의 경제관리, 자신의 것을 지키는 자산관리력의 차이도 있지만 마인드에서 차이가 난다.

다른 사람보다 자산도 많고 소득이 좋지만 부와 가난에 대한 비뚤어진 마인드를 가진 사람은 아무리 좋은 이야기를 해도 말이 화를 부른다.

대기업에 다니는 A씨와 작은 중소기업에 근무하는 B씨가 있었다. A씨와 만났을 때 그는 대기업 사원답게 아주 세련되고 멋진 사람이었다. 네 가족이 행복한 가정을 이루며 살고 있었고 앞으로 수년 뒤 가정 경제력이 더욱 좋아질 거라 예상되는 사람이었다.

B씨는 부모님과 아이 셋 이렇게 일곱 식구가 함께 사는 대가족의 가장이었다. 일단 가족 수에서 위압감 비슷한 것이 느껴지고 연봉 또한 대기업의 2/3 수준밖에 안 되기 때문에 한마디로 뾰족한 답이 나오지 않았다.

그들과 만나게 되면서 자산관리를 어떻게 할 것인지 상담을 하기 시작하였는데, 만나는 순간부터 내가 처음 가졌던 선입견이 뒤바뀔 것이라고 예상할 수 있었다. 그리고 수개월이 흐르고 수년이 지나면서 그것은 현실화가 되었다. B씨의 자산규모는 훨씬 탄탄해졌고 그는 4가지 변수를 적절히 활용하며 가족이 즐겁게 살아간다. A씨는 처음에 비해 나아진 바가 거의 없을 정도로 진전을 보이지 못했다. 왜 그랬을까.

A씨와 B씨는 언어 습관부터 달랐다. A씨는 나와 처음 만났을 때 보자마자 이런 말을 꺼냈다.

"휴, 경제가 어려워서요… 좀 잘살아야 할 텐데 말입니다."

이 말을 듣자마자 기운이 빠졌나. 경제가 어렵다는 이야기는 수백

년 전에도 그랬고 수십 년 전에도 그랬으며 앞으로도 그럴지 모르는 이야기이다. 그런 고루한 이야기로 서두를 시작하는 그는 이미 경제가 어려워서 불만이라는 생각을 가진 상태였다.

"그래도 당신은 이미 좋은 조건을 갖추고 있잖아요. 행복한 가족에 좋은 기업에 다니니 말입니다."

"에이, 사람이 '빽'이 있어야지요. 전 그런 것도 없고 그저 쭉 이렇게 살아야 하니까…."

A씨와 이야기를 하면서 느낀 것은 그가 풍요를 원하는 사람인지 그렇지 않은 사람인지 구분이 모호할 정도였다. 특히 가족이 함께 참여하는 워크숍에서 그의 그런 마인드는 더욱 빛(?)을 발했다.

아들 둘만 있던 그에게 가족이 함께 이룰 꿈에 대해 재무적인 설계를 해보라는 과제를 내주었다. 초등학생이던 두 아들은 아버지와 어머니에게 부지런히 뭔가 설명하고 있었고 간간히 웃음도 새어나오는 등 화기애애한 모습을 보여주었다. 그 내용이 궁금하여 옆으로 가서 살짝 대화를 들어보았다.

"아빠, 제 꿈을 이루려면 얼마나 돈이 필요한 거예요?"

"우리 아들 꿈을 모두 이루려면 억억대도 모자라겠다."

"네? 억이요? 그거 엄청 많은 돈이죠?"

"그럼! 아빠가 평생 벌어도 못 모을지도 몰라. 그런 건 부자들이나 갖고 노는 돈이지."

깜짝 놀랐다. A씨의 말이 그토록 가난한 말인 줄 몰랐기 때문이다. 그는 이미 부자라는 사람들만이 돈을 주무르며 자신은 그러한 부를 누릴 수 없을 거라 무의식중에 생각하고 있었던 것이다. 게다가 그가 뱉은 부자들에 대한 부정적인 말은 자녀들에게도 부정적인 영향을 미칠 게 분명하기 때문이다. 부자는 나쁜 사람이 아니다. 돈은 나쁜 것이 아니다. 다만 돈에 집착하고 욕심을 내는 것이 악의 근원이 될 뿐인데, A씨는 그 자체에 부정적인 감정을 품고 있었던 것이다.

반면 B씨는 달랐다. 그는 아주 소박하지만 진지한 미래를 꿈꾸고 있었다. 얼마 되지 않은 자산을 어떻게 불릴까에 대해 급급해 하지 않았다.

"제 소득을 다른 사람과 비교하고 싶진 않습니다. 그저 제 소득 내에서 어떻게 하면 모두 행복하게 살 수 있을지 관심이 있을 뿐이에요. 제 이런 꿈을 반드시 성취하게 될 것을 믿습니다."

처음 그와 자산에 대해 포트폴리오를 짜면서 답이 나오지 않는 부분도 있었다. 소득은 적은데 나가야 할 지출이 너무도 많은데다 다른 가정에 비해 이벤트가 훨씬 많아 그것을 준비하는 일이 쉽지 않았다.

"와! 그래도 이렇게 정리가 되니 정말 다행이에요. 왠지 부자가 된 느낌이 듭니다. 이제 제가 마이너스 부분을 더 줄여가면 되겠네요. 아, 희망이 보여요."

모든 일에 B씨는 적극적이었고 마치 부자가 된 듯한 말을 자주 사용하고 있었다. 덕분에 그를 만나는 일은 즐거운 일이 되었다. 그들의 가족 역시 워크숍에 참가했다. 가족의 미래의 꿈을 설계하는 과정에서도 그의 가정은 달랐다.

"아빠, 전 건축 설계 공부를 해서 세상에 하나밖에 없는 건물을 만들고 싶어요."

"건축 설계? 와, 멋지다. 그러려면 미술이 바탕이 되어야 하니까 공부를 시작해야겠다."

"그런데… 돈이….""

"우리가 함께 조정해 보자. 지금 우리 집 재무상태를 한번 같이 보면서 얘기하자."

B씨는 세 명의 아이들과 아내와 함께 꿈을 위해 준비해야 할 것들을 아주 검소하게 짜나가기 시작했다. 빤한 월급에 별로 할 수 있는 일은 없어 보였지만, 신기하게도 그 일들은 가능했다. 그게 꿈이 있는 이들에게 돈이 주는 선물이기도 하다.

수년이 지난 지금, 부자를 동경하면서도 가난한 이들의 언어를 사용하던 A씨와 가난을 부끄러워하지 않으면서 부자의 언어를 사용하던 B씨는 달라져 있다. A씨는 자신이 사용하던 가난의 언어대로 처음보다 재정상태가 더욱 악화되었으며, B씨는 가족 모두가 자신의 꿈을 향해 노력하는 가운데 재정적인 어려움을 재정적인 플러스로 업그레이드시켜 놓았다.

이유는 단 하나, 그들이 사용한 것이 부자의 언어였기 때문이다.

돈 많은 것을 천박하게 여기다?

어떤 연구결과에 따르면 소득이 높은 사람들과 돈을 많이 가진 사람들이 실제로 더 오래 산다고 한다. 그런 사람들이 받는 의료혜택이나 문화적인 혜택이 그만큼 서민보다 낫기 때문일 것이다. 그런데 이 결과에 대해 사람들은 받아들이려 하지 않는다.

'물론 그렇겠지. 하지만 돈 많은 사람들이 원래 복잡하잖아. 돈 문제, 사람 문제 그러니 아마 마음속은 복잡할거야. 스트레스도 많이 받고 말이지.'

이렇게 마음속으로 말하며 위안을 받으려고 했던 사람들은 이 결과에 대해 입을 삐죽거릴지도 모르겠다. 그러나 실은 부자가 가난한 사람보다 많은 것을 누리고 산다.

우리는 모두 돈이 많기를 바란다. 그런데도 돈이 전부가 아니라는 강박관념 속에 빠져서 돈을 피하려 할 때가 있다. 친구들과 있다가 식사 값을 내야 할 시간이 되면 머릿속으로는 '누가 계산을 하지? 만약 내가 좀 늦게 나가서 계산을 슬쩍 피하면 친구들이 눈치챌까?' 끊임없이 생각을 굴리며서도, 실제 카운터 앞에 가서는 돈 돈 하는 자신의 모습을 들킬까 울며 겨자 먹기로 카드를 턱 낸다.

친구들이 "야, 왜 그래? 다 같이 계산하지." 하며 말릴 때도 "괜찮아. 친구를 위해 이 정도도 못 쓰니? 돈보다 우정이 더 중요한 거야." 이렇게 말이 길어지기도 한다. 친구들로부터 돈에 초월한 우정 깊은 친구로 잠시 인식될지언정, 집으로 가는 내내 계산한 돈에 대해 생각하며 스트레스를 받는다.

스티븐 챈들러가 쓴 『리치 웨이』에 보면 이런 글이 나온다.

'돈은 중요하기도 하지만 중요하지 않기도 하다. 돈은 집중하고 주의를 기울일 만큼 중요하지만, 스트레스를 받을 만큼 중요한 것은 아니다. 진정한 문제는 사람들의 무의식 속에 돈이 전부가 아니라는 철학이 심어져 있다는 것이다. 그러고는 돈 때문에 스트레스를 받는 모순을 행한다. 그들은 두려움을 느낄수록 돈은 아무것도 아니라고 선언하지만 돈에 대한 스트레스를 해소하기 위해 음식이나 알코올, 부적절한 관계, TV, 도박, 그리고 가정불화 속으로 빠져든다. 이런 이상한 중독들이 모두 불확실성을 만들어내고 올바른 의식을 잃게 만드는 것이다.'

다시 말해 돈에 정복당하지 말아야 하지만 돈을 천박하게 여기지도 말아야 한다. 그래야 객관적으로 돈을 바라볼 수 있게 되고 자신이 가진 자산을 관리할 수 있는 올바른 의식이 생겨나게 된다.

부자가 하는 말

두 사람이 있었다. 한 사람은 필요한 것에 대해 말하기로 하고 또 한 사람은 원하는 것에 대해 말하기로 했다.

"난 지금 33평짜리 집이 필요해."

"나는 넓은 집을 원하고 있어."

"우리 식구 다 타고 다니려면 3000CC 되는 차가 필요해."

"조금 더 편하게 다니기 위해서 더 넓고 안전한 차를 원해."

"아… 나는… 또 뭐가 필요하더라?"

"자네 그것밖에 필요한 게 없나? 그런데 그렇게 돈 돈 하고 다녔단 말야? 나는 말야, 원하는 게 너무 많아. 아 참… 우리 딸 꿈이 이루어지는 데 원하는 것도 있지?"

이렇게 대화가 이루어지다 보니 필요한 것을 말하는 사람이 금세 본전을 드러냈다. 반면 원하는 것을 이야기하던 사람은 자신이 원하는 바에 대해 끊임없이 아이디어가 떠올랐다. 두 사람은 원하는 것과 필요한 것 모두 별 차이가 없게 생각되었지만, 직접 체험을 해보니 엄청난 차이가 있다는 것을 알게 되었다.

행복한 부자가 되어 돈을 이기는 사람들을 보면 그들은 자신의 분야에서 끊임없이 꿈꾸고 긍정적인 말을 선포했다. '내 주제에 무슨 부자?' 이 말보다는 '내 몸이 담보다. 나도 부자가 될 수 있다.'로, '이 돈으로 대체 뭘 하란 말이지?'가 아닌 '그래 이 돈이면 내가 원하는 것의 일부부터 시작할 수 있겠어.'라는 긍정적인 말로 주문을 걸었다는 것이다.

돈이 필요하다는 것과 돈을 원하는 것은 많은 차이가 난다. 돈이 필요하다고 했을 때 필요라는 말이 주는 강한 이미지 탓에 필요한 돈을 얻기 위해 수단과 방법을 가리지 않게 되고 그 일이 하기 싫어도 해야만 하는 억지성을 띠게 된다.

그러나 부를 원한다고 했을 때는 일단 말에서 자유스럽다. 원하는 것이 생기면 자연스럽게 창조력이 발생하여 더욱 원하는 폭이 넓어질 수 있다. 그리하여 어느 정도의 집, 어느 정도의 차와 같이 한계를 짓는 것이 아닌 가능성의 폭이 넓은 미래를 꿈꾸게 된다.

또한 단어를 사용함에 있어서도 특히 조심해야 한다. 말이 우리 생각을 지배하기 때문에 말 한마디가 우리 뇌를 자극하여 잠재력의 10퍼센트를 쓰게 할 수도 200퍼센트를 쓰게 할 수도 있게 만든다.

'대출금 갚으려면 10년 동안 뼈 빠지게 일해야 돼.'

이 말만 들으면 인생이 재미없고 살맛나지 않는다. 그러나 이 말을 조금만 바꿔도 인생의 살아가는 맛이 다르다.

'10년 동안 신나게 일할 수 있겠어. 그러다 보면 더 큰 집으로 옮겨갈 수 있을 거야.'

그러므로 돈을 이기는 행복한 부자가 되기 위해서는 자신의 언어 습관을 되돌아보며 가난의 언어를 마이너스시켜야 한다. '글쎄… 이거 해서 얼마나 벌까?'가 아닌 '이렇게 번 돈으로 내가 원하는 것을 시작할 수 있을 거야.'라는 긍정의 언어, 부자의 언어를 날마다 입에 달고 살기 바란다.

화려함을 마이너스하라

여왕새 선발대회

새들의 나라에서 'Queen 선발대회'가 열렸다. 천사의 주최로 진행된 그 선발대회의 공고를 본 여러 새들이 흥분에 들떠 있었다. 노랗고 화려한 외모를 가진 앵무새는 자신의 특기인 사람말 흉내 내기까지 연습하며 여왕으로 선발되려 깊은 치장을 다 했다. 우아한 황새는 자기의 긴 다리를 관람 포인트로 내세우며 다리가 더 맵시 있고 길어 보이도록 꾸미고 있었다. 보기만 해도 감탄이 절로 나오는 공작은 깃털을 쫘악 펴더니 깃털 하나에 보석을 달아 정리하는 것만으로도 위압감을 주었다.

그 모습을 지켜보고 있던 까마귀는 너무 화가 났다. 다들 날 때부터 좋은 조건을 갖추고 있고 화려하게 치장하고 있는데 자신은 너무도 보잘것없이 느껴졌기 때문이다. 까마귀는 이리 기웃 저리 기웃거리며 새들의 요란한 치장에 넋을 놓고 바라보았다.

"얼마나 좋을까. 공작 쟤는 저 우아한 깃털만으로도 퀸이 되고도 남아. 앵무새는 개인기가 뛰어나잖아. 독수리는 또 어떻고. 매섭게 다듬은 발톱에 눈빛으로 우리 새들을 사로잡을 거야."

그런데 그때 까마귀의 눈에 들어온 뱁새가 보였다. 뱁새는 자신이 보기에도 보잘것없는 새였는데도 부지런히 자신의 깃털을 다듬고 있었다. 그런데 자기가 가지고 있는 것으로 치장을 해서 그런지 촌

스럽기가 그지없었다.

"뱁새야. 너도 참… 우리 같은 애들이 쟤네들 따라갈 것 같니? 어림도 없어."

그러자 뱁새가 까마귀를 돌아보며 말했다.

"나는 그냥 나대로 노력을 하는 거야. 쟤네들은 쟤네들 수준에서 노력하는 거고."

까마귀는 그런 뱁새를 사정없이 비웃었다. 정작 자기는 아무런 노력도 않고 포기한 채 선발대회에 참가한 까마귀, 그는 거기에서 충격적인 소식을 접해야 했다.

"올해 숲속 새들의 Queen은 바로 뱁새입니다."

놀랍게도 그 해 Queen은 뱁새가 선발되었다. 까마귀는 도저히 그 사실을 받아들일 수가 없었다. 그러자 심사를 맡았던 천사가 이런 말을 해주었다.

"누가 Queen을 멋진 새로 뽑는다고 말했나요? 우리는 그런 말을 한 적이 없어요. 그냥 숲속의 새들을 가장 잘 상징할 수 있는 새를 선발한다고 했을 뿐입니다. 뱁새는 화려함보다 가장 뱁새답게 자신을 표현한 유일한 새였습니다. 그래서 여왕으로 선발된 겁니다."

그 이야기를 듣고 있던 까마귀는 다른 새들에게서 떨어진 깃털들을 까만 몸에 붙이고 있던 자신의 우스꽝스런 모습이 무척 부끄러워졌다.

이 까마귀야말로 오늘날 돈의 화려함을 쫓아가는 대부분의 사람들의 모습이다.

화려함을 좇는 사람들

좋은 차에 정원이 펼쳐진 대저택, 말만 하면 필요한 돈을 금세 현금으로 바꿔올 수 있을 정도의 재력을 가진 사람들을 보면 누구나 부럽다. 그들은 어디에 가나 상류계층으로 인정을 받고 화려한 조명을 받는다. 그런 그들을 바라볼 때 유의해야 할 점은 부러워하는 감정을 곧바로 끝내야 한다는 것이다. 더 이상의 상상을 하다가는 이미 돈이 그를 점령한다. 돈이 가진 열 가지 속성을 드러냄으로써 서서히 사람을 고난에 빠뜨리기 때문이다.

자산관리를 통해 돈을 이기는 방법은 화려함 즉 플러스를 바라보는 것이 아닌 위험요소를 제거하는 마이너스를 바라보는 것이다. 그것이 훨씬 확실하기 때문이다. 그런데도 아직도 많은 사람들은 불확실한, 오지 않을 확률이 훨씬 큰 화려한 미래를 따라가다 한꺼번에 주저앉고 만다.

평범한 주부로 살던 S씨가 있었다. 그녀는 직장을 다니다가 장사를 시작한 남편과 세 아이와 함께 가정을 이루고 살며 꽤나 알뜰하다는 소리를 들었다. 주부 18년차로 이제 살림에는 도가 텄고 커가는 아이들로 인해 경제적인 고민도 조금씩 많아지던 즈음, 우연히 동창회에 나가게 되었다. 친구들과 만나며 세상 돌아가는 이야기를 하던 S씨 옆에 요즘 통 잘 안 보이던 친구가 와서 앉아 있었다.

그런데 그 친구는 못 본 사이에 많이 변해 있었다. 한눈에 봐도 명품으로 치장했음을 알 수 있었고 어디서 무슨 일을 했는지 그날 식사 값도 그 친구가 다 계산을 했다. 그러니 동창들의 관심은 오로지 그녀에게 향했고 그녀는 이야기의 중심이 되어 있었다.

"애, 요즘 너 잘 나가나 보다. 어떻게 부잣집 마나님이 됐니? 비결 좀 알려주라."

"비결은 무슨… 재테크 몇 번 했는데 잘됐어."

갑자기 S씨의 귀가 번쩍 뜨였다. 그렇잖아도 요즘 목돈도 필요하고 아들 과외도 시켜달라는 통에 돈이 궁했던 그녀였다. 친구는 자신이 했던 주식과 펀드, 부동산에 이르기까지 친절하게 동창들에게 이야기를 해주었고 집에 돌아온 S씨는 계속 그 친구의 얼굴이 떠나지 않았다. 아마도 학교 다닐 때와 비교했을 때 자신보다 더 화려해진 그녀를 보는 일이 괴로웠나 보다.

S씨는 그날 이후 친구에게 전화를 자주 걸어 자문을 구했다. 자존심은 상했지만 그래도 돈만 굴려준다면 못할 것도 없었다.

"애, 어떡하면 돈 좀 크게 굴릴 수 있을까?"

"이거 투자하면 세 배까지는 올릴 수 있겠지?"

S씨는 밤낮으로 증권회사에 출근하며 주식에 생활비를 투자했고 조금 있던 목돈은 개발되는 땅이라는 말에 투자해 버렸다. 이제 그

녀의 머릿속에는 오로지 불어나게 될 돈에 대한 생각뿐이었다. 생활비가 떨어져도 조금 있으면 오를 투자원금 회수 생각에 현금서비스를 받아썼고, 목돈 나갈 일은 펀드에서 돈 빼기가 두려워 은행 대출을 받아 채웠다.

그런데 행운은 그녀의 편이 아니었다. 매달 생활비로 투자하던 주식은 반토막도 아닌 아예 '깡통' 수준에 이르게 되었고, 부동산 개발은 허공으로만 떠돌던 소문일 뿐이었다. 정신을 잃고 증권회사에 나가 '내 돈 내 돈' 외치던 S씨를 바라보며 주변 사람들이 혀를 끌끌 차며 말했다.

"쯧쯧… 어린애 업은 아줌마들이 주식에 매달리면 주가가 떨어질 때가 됐다는 말이 있더니만 저 아줌마는 더 늦게 왔나 보네. 그러게 남편이 벌어다 주는 월급 관리나 잘할 것이지 뭔 떼돈을 벌겠다고 하루가 멀다하고 출근을 하나. 아무나 돈 버는 게 아닌데…."

빼기는 일찍 경험하는 게 좋다

화려함을 마이너스하기 위해서는 빼기의 확실한 영향력을 알고 있는 게 좋다. 달리 말하면 돈이 없음으로써 다가올 수 있는 고통 부분을 확실히 체험하는 것도 나쁘지 않다. 그렇다고 일부러 경험하라는 것은 아니지만, 돈이 없어서 받게 되는 고통이 어떤 것인지 알고 있는 것은 돈을 이길 수 있는 무기를 든든히 하는 방법이 될 수 있다.

 G군은 청년 실업가로서 일찍이 사회로 진출했다. 대학을 휴학하고 빌 게이츠를 꿈꾸며 컴퓨터 조립을 시작으로 컴퓨터 부품 판매업을 시작한 G군은 20대 중반부터 돈을 벌기 시작했다. 300여만 원짜리 컴퓨터 한 대로 시작한 사업은 틈새시장을 제대로 공략해 돈을 벌어들였고 사업 시작 2년 만에 좋은 사무실까지 얻어 사업을 확장시키는 등 용산 일대에서 성공한 청년 실업가로 알려지고 있었다.

 젊은 나이에 사업을 하다 보니 그의 꿈은 커져만 갔다. 하루빨리 벤처기업으로 코스닥에 상장하고 싶은 마음도 생기고 새로운 기술을 개발하여 대기업과 기술협력도 이루고 싶었다. 그러다 보니 무리해서 사업을 확장하게 되고 함께 살던 부모님 집을 담보로 대출까지 받아 돈을 채워 넣게 되었다.

 그런데 바로 그때 IMF 사태가 터졌고 G군은 하루아침에 부도를 맞게 되었다. 이미 담보로 잡힌 부모님 집은 넘어갔고 일가친척 명의로 빌린 대출금 때문에 친척들로부터 온갖 원망을 듣고 좌절을 경험해야 했다. G군의 부모님은 계실 곳도 변변찮은 가운데에서 친척들의 싫은 소리까지 막아주었고 그 역시 1년간은 무척 방황했다.

 그렇게 1년의 지옥 같은 방황의 시간을 마치고 난 어느 날 G군이 다시 용산에 나타났다. 많은 이들의 반가움과 근심 속에 용산으로 재입성한 G군은 다시 재기를 시작했다. 이제 부품 판매가 아닌 프로그램을 개발하는 것으로 분야를 바꾸었다. 워낙 소프트웨어가 치열

하지만 그는 개발 프로그램을 대기업의 것들과는 차별화해 컴퓨터를 사용하는 3, 40대 남성을 위한 제품으로 특성화시켰다.

어렵게 어렵게 납품을 허락받고 새롭게 시작한 G군의 사업은 조금씩 활기를 찾아가며 자리를 잡았고 예전의 빚도 청산하기에 이르렀다. 그의 번뜩이는 아이디어를 사겠다며 사업제휴 등을 제안하는 일들도 많았지만 그는 예전의 뼈아픈 경험을 교훈 삼아 무리한 확장은 절대 하지 않았다. 또한 가정경제와 기업경제를 한꺼번에 운용한 탓에 많은 이들이 고통당했던 경험을 했던 터라 그는 가정과 기업의 경제를 철저히 분리시켜 놓았다. 그 덕분에 또 한차례 재정난이 다가왔을 때도 가정에 피해가 가지 않도록 현명하게 대처할 수 있었다. 현재 꽤 큰 기업으로 성장시켜 업체를 운영하고 있는 그는 이렇게 말한다.

"아마 첫 번째 경험이 없었더라면 두 번째도 버티지 못했을 겁니다. 그리고 돈이 주는 무서운 위력도 잘 몰랐을 거예요. 이젠 사업의 아이디어도 중요하지만 얼마나 짜임새 있게 경영하는 것이 중요한지 알고 있습니다. 그래서 돈을 더 벌려고 아등바등하지 않아요."

빼기의 이른 경험이 한 사람의 기업인을 탄탄한 자산관리 전문가로 바꾸어 놓은 셈이다.

뉴플러스 원리 5 ── # 시간을 마이너스하라

세 가지 무기 점검

우리는 지금 돈을 이기기 위한 원리를 알아보는 중이다. 특히 우리에게 필연적으로 다가오는 이벤트를 이기기 위한 싸움이므로 우리들이 가진 무기가 무엇인지 어떠한 전략으로 싸움을 이겨야 하는지 알아야 한다.

우리의 무기는 세 가지이다. 앞서 인생의 4대 변수에 대해 밝힌 바가 있듯 돈을 이기기 위한 무기는 수입과 지출·시간이다. 이 무기를 적절히 활용하면 좀 더 편안한 행복을 누릴 수 있지만 무기를 활용하지 않으면 나락에 떨어진다.

    1. 수입(+)

    2. 지출(-)

    3. 시간

이 무기들 중 최고의 전술을 펼칠 수 있는 무기는 무엇일지 골라내야 한다. 그러려면 확실한 것이 필요한데, 세 가지 중에서 우리가 가장 임의대로 조절할 수 있는 부분이 바로 시간이다. 다른 것은 주변의 상황에 따라 달라질 수 있는 것이며 이벤트는 우리 힘으로 조절할 수 없는 것이다.

해결의 열쇠는 시간이다.

그림에서 보듯 우리는 현재 수입과 지출을 발생시키고 있고 시간은 앞을 향해 빠르게 달려가고 있다. 그리고 시간이 가면서 반드시 해결해야 할 이벤트들이 하나씩 나타난다. 하나가 지나가면 또 다음 이벤트가, 그 이벤트가 지나면 또 다른 이벤트가 시간에 따라 우리를 향해 달려온다. 이 이벤트들은 행복한 가정을 이루기 위해 반드시 해결해야 할 것들이다. 만약 이 이벤트를 막아낼 돈이 준비되지 않으면 나와 가족은 충돌하여 다치게 된다. 그러므로 고통과 갈등이 유발될 것이다. 또한 제때에 바로바로 해결하지 않으면 그 다음 이벤트가 다가왔을 때 두 가지 일을 처리해야 하므로 매번 돈에 허덕이는 삶을 살아야 한다.

이벤트는 우리 인생의 변수이며 반갑지 않은 무기이지만 궁극적인 꿈의 실현을 위해서는 필요한 무기이기도 하다. 이제 이벤트를 대비하기 위해서는 우리에게 주어진 시간과 우리가 임의로 할 수 있는 지출을 활용해야 한다.

그중에서도 시간은 더욱 중요한 요소이기도 하다. 뉴플러스 원리를 알게 된 순간부터 바로 실행에 옮길 수도 있고, 알았지만 차일피일 미루는 일도 할 수 있다. 언제 시작할지 정하는 건 당신의 몫이며 당신의 선택에 달렸기 때문이다.

나 역시 뉴플러스 원리를 정리해 나가면서 시간을 활용하는 게 얼마나 중요한 일인지 깨달을 수 있었다. 우리 가족의 인생에 어떤 이벤트가 있을 것인지 생각하고 그에 대한 대비를 바로 시작하면서 가정경제가 완전히 바뀌었기 때문이다. 일찍 이벤트를 대비한 만큼 더 많은 열매를 맺어 충분히 이벤트를 막아낼 수 있었다. 그만큼 여유 자금이 생긴 것은 재투자하여 가정의 플러스 재무상태를 유지해 나 갔다.

이러한 경험은 많은 고객들의 풍족해진 가정경제를 통해 증명되고 있으며, 시간이 흐를수록 경제는 더 나아지고 있다.

시간분산 전략

인생은 도박이 아니다. 언제나 안전하게 준비되어야 가족이 행복할 수 있다. 광고 카피에서나 나오는 안정보장이 보험에만 해당되는 것이 아닌, 평소 우리 생활에서 다가오는 이벤트를 대비하는 일이 오히려 가족 행복에 더욱 가깝다.

다음의 그림은 다가올 이벤트가 E1, E2… E6까지 정의되어 있다. 또한 그 이벤트가 발생하게 될 시기인 T1, T2… T6까지 정의되었다.

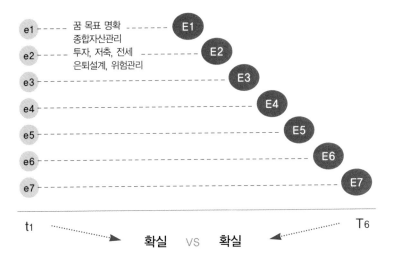

이제부터는 시간분산 전략을 써야 한다. 경제용어 중 시테크란 말이 있다. 시간을 효과적으로 활용함으로써 최대의 효과를 누리게 하는 관리 방법을 말하는데, 시간분산 전략 역시 시테크의 한 방법이 된다.

지금부터 동시에 E1, E2… 등을 준비하기 위해 작은 e1, e2…의 적은 금액으로 준비하되, 처음 준비한 시간 t1, t2…가 대문자 T1 T2…가 될 때까지 그 시간 동안 돈을 키워 나가는 것이다. 시간에 따라 이벤트가 도래하면 그것을 해결할 수 있는 돈이 준비되도록 하는 것이다. 이것이 바로 시간분산 전략이다.

이 전략은 해결해야 할 문제, 즉 이벤트가 확실히 정해지고 그것을 위해 장기간의 시간을 활용하여 동시에 각 이벤트를 준비하게 되므로 확실한 문제를 확실한 대안으로 막을 수 있다.

이처럼 돈을 이기는 행복한 부자가 되기 위해서는 시간을 마이너스해야 한다. 오늘 할 일을 내일로 미루지 말라는 가르침은 지금 당장 이벤트를 대비하여 시간이 돈이 되도록 만든다. 지금도 시간은 달려가고 있다. 그 시간을 잡아 관리해야 한다.

호미로 막을 것을 가래로 막는다

이벤트: 3년 뒤 1,200만 원이 필요하다.

1. 이번 달부터 시작하면 매월 얼마씩 적금하면 되는가?
   정답: 30만 원, 연 8% 복리
2. 1년 뒤에 시작하면 매월 얼마씩 적금하면 되는가?
   정답: 47만 원, 연 8% 복리

따라서 일찍 시작하면 적은 금액으로 필요한 목돈을 마련할 수 있지만 늦게 시작하면 더 많은 돈을 필요로 한다. 이것이 시간의 가치이며 돈과 시간과의 관계이다.

누가 먼저 시작하느냐

한번은 K씨 가족과 J씨의 가족이 워크숍에 참가한 적이 있다. 자산관리에 대한 워크숍은 혼자만이 가정경제를 이끌어가는 것이 아니기 때문에 가족 모두가 참가하여 함께 가족의 꿈을 공유하고 그것을 이루기 위해 재무계획까지 짜는 것으로 프로그램을 진행한다.

가족들과 함께 시간을 보내며 그들 모두 그동안 가정경제의 허점과 맹점을 발견한 뒤 그것을 조정하고 꿈을 공유하는 등 즐겁고 유익한 시간을 보내는데, 지금의 재무상태에서 시간을 어떻게 활용할 것인가 이야기를 나누면서 모두들 시간을 잘못 활용하고 있다는 사실을 발견했다. 나 역시 한꺼번에 많이 벌어서 모든 재무문제를 해결하겠다는 시간집중 전략에서 벗어나 이벤트에 사용될 지출을 빨리 준비함으로써 시간에 맞게 이벤트를 해결하는 시간분산 전략을 많은 이들이 권유했다.

그러나 워크숍을 다녀온 두 가정의 상황은 완전히 달라졌다. K씨는 바로 시간분산 전략을 사용하여 이벤트를 준비해 나갔지만, J씨는 그렇지 못했다. 갑작스레 해외 장기출장을 가게 되었기 때문이다. 물론 아내라도 시작했으면 되었겠지만 그 가족은 원리만 알고 실천에 옮기지 못했던 것이다. 시간은 계속 흘러가는데도 말이다.

하지만 K씨는 바로 그 순간 워크숍에서 짰던 재무계획표를 토대로 이벤트를 대비하기 시작했다. 주택구입, 교육, 노후, 자녀결혼 등 시간이 되면 반드시 올 이벤트들과 어느 정도 돈이 필요한지 계획표를 짰다. 그리고 그때부터 대비하기 시작했다. 물론 수입이 불확실한 것이기 때문에 이렇게 대비하는 일도 불안했다. 돈이 부족할 때는 이벤트 대비 자금에서 빼 쓰기도 했다. 그러나 가장 좋은 점은 지금 자신이 어디에 쓰여질 돈을 쓰고 있는지 확실히 알 수 있고 턱없이 부족할 경우 이벤트의 규모를 줄이면 되었다.

이렇게 먼저 시작한 K씨의 가족과 달려가고 있는 시간을 잡지 못한 J씨의 가정경제는 완전한 차이를 보였다. 무엇보다 K씨는 미래를 생각하면 두려운 마음이 들지 않아 무엇을 해도 자신감이 넘쳤고 꿈이 넘쳤다. 반면 J씨 가족은 언제나 '빨리 시작해야 할 텐데…'하며, 시간을 미루며 미래에 대한 걱정과 불안 속에 살고 있었다. 다음은 K씨가 이벤트에 대비하여 설계해 놓은 종합 포트폴리오이며, 이것을 통해 그의 가족은 탄탄한 경제를 만들고 있다.

K씨의 가족의 이벤트 대비 종합 포트폴리오

이벤트	시기	목표 자금	금융상품	투자금액	목표 수익률 (년)	비고
주택구입	10년 후	4억	펀드	월 100만 원	10%	장마펀드 장마저축
교육비	3년 후	2억	교육보험		4%	
노후생활비	30년 후	10억	변액연금		15%	
자녀결혼	계속	1억	VUL		15%	증여전략
생활비			CMA		5%	
비상자금	계속	5억	MMF		5%	
위험보장	계속	실손	순수보장보험	30만원		생명보험
			순수보장			상해보험

뉴플러스 원리6_

유혹을 마이너스하라 (속임수를 마이너스 하라)

더하기의 유혹들

우리가 가고 있는 방향은 두 가지 길이다. 위쪽으로 보이는 더하기 방향, 아래쪽의 빼기 방향이다. 더하기 방향의 삶은 돈으로 해결할 수 있는 각종 누릴 것들이 존재한다. 반면 빼기 방향은 관리를 통해 해결해야 할 것들이다. 그러나 아래 그림에서 보여지듯 세상은 더하기 방향으로만 지나치게 발전하고 있다.

더하기(+) 삶의 급속한 발전 및 전파

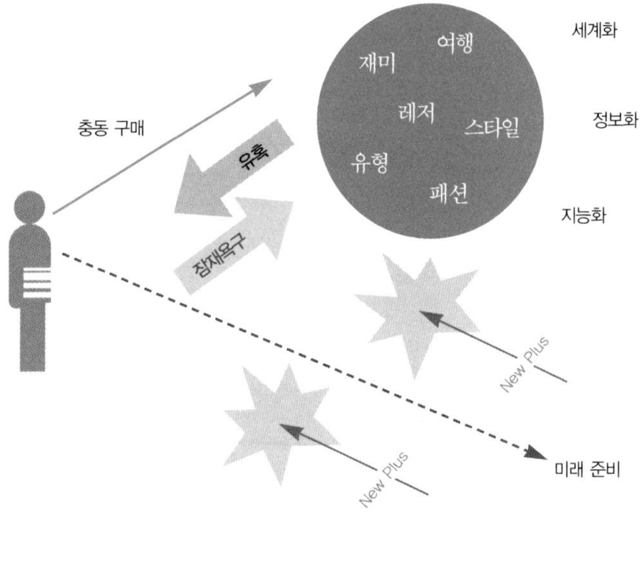

이 속에는 더하기 방향, 즉 돈을 벌게 해주겠다며 유혹하는 손길들이 너무도 많다. 더하기 전문가를 자청하고 말이다. 더하기 전문가들은 어떻게 하면 돈을 더 벌 수 있는가에만 집중하여 그에 따른 위험요소는 간과한다. 돈을 더 많이 벌었을 때 얻게 되는 달콤함을 너무도 크고 과장해서 부풀리기 때문에 어느새 더하기 전문가들과 함께 더하기의 불확실한 세상 속으로 빠져들고 만다.

뿐만 아니라 소위 대박난 사람들의 성공 스토리, 개인적 체면과 욕심 등이 더하기 유혹으로 빠져들게 만든다. 물론 그들의 성공 스토리는 축하해 줄 일이고 나름대로의 노력의 결과이긴 하다. 하지만 그것을 상술로 이용하여 인쇄나 광고 등의 매체에서는 그들의 성공 스토리를 마치 모두가 따라해야 할 것으로 보여준다는 점은 주의해야 할 유혹인 것이다.

실제로 어떤 20대 여성은 부자가 되고 싶은 나머지 한 여성의 성공 스토리를 읽고 그대로 흉내 내기에 이르렀다. 그러나 경제적 상황은 유동적인 것이고 확실한 것이 아니라는 사실을 간과했을까. 그 여성은 부모 몰래 대출까지 얻어 유혹에 따랐고 결과는 참패했다. 그런데도 그녀는 아직도 성공한 사람들의 이야기에 관심이 쏠린다고 한다. 세 차례 아르바이트를 해 가며 빚을 갚고 있는 그녀였지만 아직도 마음속에서는 돈을 만회하고 두 배로 불릴 수 있을지에 대한 알짜정보를 들을 수 있을 것 같기 때문이었다.

우리가 사는 세상은 정보가 쏟아지고 있다. 세계가 함께 공유하는 정보 덕에 이 시간에도 돈을 버는 유혹, 돈을 멋지게 쓰는 유혹이 널려 있다. 이러한 더하기 방향으로의 유혹은 빼기 방향을 보지 못하게 차단시킨다. 더 많은 정보로 사람을 유혹한다. 그러니 양쪽 눈을 다 뜨고 한 방향으로만 무작정 따라가게 되는 것이다.

더하기 전문가의 덫

명의로 이름난 어떤 교수가 은퇴를 했다고 한다. 그런데 그 은퇴 행사에서 의사는 이런 퇴임사를 남겼다.

"저는 그동안 의사로 살아오면서 많은 인명을 구하는 데 도움을 준 자부심도 가지고 있지만 이 시간을 빌어 고백할 것도 있습니다. 많은 분들이 저를 명의라 칭해 주셨지만 사실 저는 완벽하지 않습니다. 아마도 제 오진율은 20퍼센트 가까이 되었으리라 생각합니다. 이 점을 생각하면서 혹시라도 저의 오진으로 인해 불편을 겪었을 분들을 생각하면 잠을 잘 수가 없습니다."

그의 참회와 고백을 들으며 많은 사람들이 놀랐다. 어떻게 그토록 유명한 의사가 오진율이 20퍼센트나 될 수 있는지 충격적이었다. 그런데 그의 연설을 듣고 있던 의사들은 일반인들과 좀 다른 이유로 놀랐다고 한다.

'오진율 20퍼센트? 어떻게 그렇게 오진율이 낮을 수가 있지?'

이 이야기가 사실인지 아닌지 그 출처를 확인할 수는 없다. 그러나 지금도 전문가라 불리는 사람들이 완벽하지 않다는 사실은 모두가 인정하는 바이다.

돈에 관해서도 더 심각하다. 일명 투자 전문가라 하여 돈을 유혹하는 이들을 보면 한계를 여실히 드러낸다. 물론 이들 중에는 정말 훌륭한 생각과 공부로 조언을 해주는 이들도 있겠으나 아직까지 우리나라의 경우 그런 이들이 많지 않다.

'이것만 투자하면 1년 내 100퍼센트 수익률은 보장될 수 있을 것이다.' 이런 달콤한 말로 유혹하지만 정작 그들은 자신의 것을 투자하지 않는다. 어디 그뿐인가. 당신에게만 주는 고급 정보일세 하며 건네준 그들의 정보가 모두 타당성 있는 내용들도 아니다. 한 번만 생각해 보면 알 수 있다. 그렇게 좋은 정보, 그렇게 대단한 정보면 왜 그들은 일찌감치 부자가 되지 못했는가 따져보면 알 일 아닌가.

그런데도 사람들이 전문가의 이야기에 빠지는 이유는 전문가들이 그럴듯한 말로 포장을 하며 자신의 한계를 인정하지 않기 때문에 비전문가들이 전문가를 맹신하게 되는 것이다.

케임브리지 대학에서 경제학 교수를 지내고 있는 분이 전문가라 불리는 사람들이 가진 맹점에 대해 이런 글을 쓴 바 있다.

'우리가 모르는 것이 너무 많다. 도널드 럼즈펠드 미국 전 국방장관이 유명하게 이야기한 대로 우리가 모르는 것도 많다. 전문가들 사이의 의견 차이 때문에 전문가 의견이 무엇인지 불확실한 경우도 허다하다. 전문가들이 일반인들보다 항상 더 옳은 판단을 내리는 것도 아니다. 전문가들은 가진 지식이 너무 특화되다 보니, 큰 그림을 못 보고 잘못된 결정을 내리는 경우도 많다. 전문가들의 곡학아세도 있고 개인적 편견도 있다.'

돈을 이기기 위해서는 우리를 돈의 더하기 방향만을 보게 하는 유혹을 마이너스해야 한다. 사람들은 자신의 능력이 뛰어나 행운의 여신이 자신에게 미소를 짓고 있다고 착각한다. 또한 개미투자자들은 단타매매로 하루 100만 원씩 벌 수 있다고 상상한다.

그러나 현실은 그렇지 않다. 8퍼센트 미만의 사람만이 성공하고 그 사람들조차도 자주 바뀐다는 게 투자 시장에서 공공연히 알려진 사실이다. 또한 한 사람이 잃으면 다른 한 사람이 버는 철저한 제로섬 게임장이다.

어떤 투자 전문가가 말하기를, 자신은 전문가들을 믿지 않으며, 증권사가 매수 추천을 하고서도 자기들은 그 종목을 팔아치운 사례를 한 권의 책으로 쓸 만큼 알고 있다고 고백한다. 이처럼 전문가조차도 전문가를 믿지 못하는 세상, 그렇기 때문에 현재 자신의 혀를 달콤하게 만드는 정보와 지식, 소문, 광고 등의 유혹이 다가올 때마다 그것을 걸러낼 수 있는 판단력과 절제가 필요하다.

'혹시 대박이 날지도 모르잖아. 나라고 안 되란 법이 어딨어?' 이렇게 말할지도 모른다. 맞는 말이다. 전문가들의 조언대로, 아니면 주식투자 공부를 열심히 하여 한꺼번에 재무문제를 해결할 수도 있다. 그러나 그것은 '만약 그렇게 된다면'이지 그렇게 된 건 아니다. 불확실한 것이고 그것에 목을 매는 건 지혜롭지 않다. 당장 돈의 더하기 방향으로 이끄는 유혹을 마이너스해야 한다.

유혹을 이긴 사람

경제학의 아버지 애넘 스미스는 이미 200여 년 전에 이런 말을 했다. 젊은이들이 직업을 선택할 때 자신의 성공에 대해 성급한 기대감을 갖는다고. 즉 자기가 성공할 수 있는 확률이 높다고 생각한다는 것이다. 청년들만 그런 게 아니다. 사람들 중 90 퍼센트 이상은 자신을 다른 보통 사람보다 일을 더 잘하고 있다고 생각한다고 한다. 미국 대학 교수들의 94퍼센트가 동료보다 연구를 더 잘 수행한다고 믿고 있고, 일본 직장인들은 자신의 업무수행 능력을 남들이 생각하는 것보다 평균 20퍼센트 이상 더 높게 생각한다고 한다.

물론 자신에 대한 높은 자존감과 자부심을 가지고 있는 것은 능률을 높이는 데 훨씬 좋은 현상을 불러온다. 하지만 지나친 기대에 빠지게 되면 자신에 대한 맹신이 되고 만다.

자신이 부를 얻을 것이라고 자신감을 가지고 있는 것은 좋은 일이지만 거기에 지나치게 빠지면 유혹의 늪에서 헤어나오지 못하게 된다. 그러니 돈에 빠지게 하는 유혹으로부터 철저히 자신을 객관화시켜야 한다.

어느 거액 투자자의 이야기는 유혹을 얼마나 마이너스시키고 있는지 알게 해준다.

그는 거액의 돈을 투자하는 투자 전문가이다. 그런데도 객장 의자에 앉아본 일도 없고 컴퓨터 단말기를 바라보고 있을 시간도 없다고 한다. 하루 2분 정도 모니터를 보는 게 대부분이라고 하니 대체 그는 어떻게 투자를 하고 거액을 모았을지 궁금할 것이다.

그는 누구보다 자신을 믿지만 한편으로는 믿지 않는다. 자신이 잘될 것으로 믿기는 하지만 투자에 있어서 자신이 잘나고 똑똑해서 돈을 벌었다는 생각은 하지 않는다는 것이다. 물론 부동산 등에서 꽤 많은 수익을 올리기도 했지만 주식에 있어서는 수익률 25퍼센트 정도가 기본이라고 한다. 그는 금융 관련 회사들도 잘 믿지 않는 터라 간접투자는 더더욱 금하고 있다.

그에게는 투자를 도와주는 직원이 한 명 있는데 그 직원이 그에게 해주는 세 가지 일이 있다. 먼저 그가 주식매매를 결정할 때 이렇게 말한다.

"사장님이 돈을 버는 것은 사장님이 똑똑해서 그런 게 아닙니다. 절대 자만에 빠지지 마십시오."

그리고 또 이렇게 묻는다고 한다.

"사장님, 지금 혹시 피곤하지 않으십니까?"

이 직원의 조언은 그로 하여금 자만에 빠지지 않게 하며 다른 더하기의

유혹에 빠지지 않도록 도와준다고 한다. 자신에 대한 맹신으로 괜한 투자 유혹에 빠져들 수도 있고, 좋지 않은 컨디션으로 순간적인 유혹에 빠질 수 있을 것을 방어해 준다는 것이다. | 인터넷, 권대우의 경제레터 참고 |

우리는 언제라도 유혹에 걸려들 수 있다. 돈의 화려함은 항상 사람들에게 손짓을 하기 때문이다. 이제는 더하기만 바라보게 만드는 유혹을 이겨낼 자신만의 방법을 만들자.

뉴플러스 원리7 _ 지출을 마이너스하라

부자였다가 가난뱅이가 된 알렉산더

재미있는 동화 한 편을 읽었다. 『부자가 되고 싶은 알렉산더』라는 초등학생용 경제동화였는데, 그 내용을 통해 많은 것을 생각했던 기억이 난다.

열 살이 된 알렉산더 집에 할아버지 할머니가 찾아오셨다. 손자들을 만난 두 분은 모두에게 용돈 1달러씩을 주시고, 갑자기 부자가 된 알렉산더는 세상이 모두 자신의 것같이 느껴진다. 특히 용돈을 꽤 많이 소유하고 있던 두 형들을 볼 때마다 배가 아팠던 알렉산더는 1달러라는 용돈을 어떻게서든 잘 관리하여 자신도 부자가 될 거라 의

기양양하다. 물론 그 모습을 보던 형들은 '가서 못생긴 얼굴 가릴 가면이나 사지?' '알렉산더, 그 돈을 정원에 심어보렴. 아마 자고 나면 동전들이 주렁주렁 열릴지도 몰라, 하하하'라며 비아냥거렸고, 큰돈을 갖게 된 아들을 못마땅하게 보시던 어머니는 갖고 싶은 것을 사기 위해 저금을 하라고 권유했다.

그 모든 권유에도 아랑곳 않고 그저 부자가 될 거라 이를 악물던 알렉산더였건만 풍선껌을 사먹으며 15센트를 날리고, 형과 내기를 하여 15센트가 날아간다. 친구의 인형을 빌리기 위해 12센트를 쓰고 3센트를 변기에 빠뜨렸으며, 형들과 말다툼을 하다가 나쁜 말을 한 벌로 돈을 지출한다. 알렉산더의 지갑은 점점 가벼워졌다. 형들은 알렉산더가 늙을 때까지 돈을 못 모을 거라며 놀려댔고 알렉산더는 굳은 결심을 하여 저금하기로 하지만 갑자기 발견한 외눈박이 인형과 부실한 카드, 양초를 가지고 싶은 마음이 커져 20센트를 또 지출한다.

뿐만 아니라 별로 남지 않은 동전은 형의 마술에 속아 아버지에게 벌을 받는 등 소비되고, 이젠 저금하고 싶어도 저금할 돈이 사라져 버린다. 갑자기 1달러란 큰돈을 잃어버린 기분이 든 알렉산더가 할 수 있는 일이라고는 외눈박이 인형과 타버린 양초를 들고 빈 주머니를 만지작거리는 일, 그리고 집으로 돌아가신 할머니 할아버지가 다시 오시기를 눈 빠지게 기다리는 것이다.

이 짧은 동화를 읽으며 돈을 버는 것에만 급급한 나머지 어떻게 써야 할지 모른 채 써버리는 우리네 경제생활이 떠올랐다. 정말 안타깝게도 많은 사람들이 어린 알렉산더처럼 살아가고 있다. 무분별한 지출의 늪에서 헤어나오지 못하고 있기 때문이다.

쩐과의 전쟁

얼마 전 〈쩐의 전쟁〉이란 드라마가 큰 인기를 얻으며 방영된 적이 있었다. 주인공들은 모두 돈을 벌기 위해 전쟁을 벌이고 있고 그 속에서 돈을 놓고 벌어지는 천태만상의 세상풍경을 재기발랄하게 그린 작품이었다.

다음은 쩐의 전쟁으로 점철된 가정경제를 손쉽게 나타낸 그림이

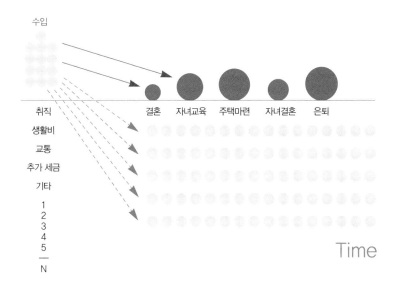

다. 여기서 우리가 명심해야 할 것은 수입과 지출의 싸움이 1대 무한대의 싸움이라는 것이다.

동그라미들은 '쩐'이다. 시간의 수면 아래에 있는 것은 빼기들, 즉 지출에 관한 부분이며 수면 위의 큰 동그라미는 이벤트에 대비한 목돈들을 의미한다. 한눈에 봤을 때도 수입의 작은 동그라미들이 나머지 지출이 되어야 할 부분을 채우고 있으니 힘들어 보인다. 그런데 사실 평범한 사람들의 경제력이 이렇다.

앞서 우리의 세 가지 무기 중 시간을 활용하는 방법에 대한 원리를 말했다. 이젠 우리가 활용할 수 있는 또 하나의 무기, 지출이 남아 있다. 지출의 원리 역시 간단하다. 지출을 마이너스하는 것, 이것이 바로 돈을 이기는 부자로 가는 지름길이다.

지출을 마이너스하는 게 얼마나 도움이 되는지 그림을 통해서도 금방 알 수 있다. 수면 아래에 놓인 작은 지출의 동그라미들을 보자. 쓰려고만 하면 항목은 얼마든지 늘어날 수 있다. 그러나 그 항목을 줄이고 규모를 줄인다면 수입원 하나에서 배분되는 동그라미들이 더 헐겁게 채워질 것이다. 이 말은 지출의 규모가 줄면 그만큼 이벤트에 대처할 여력이 생기고 축적할 수 있다는 이야기가 된다.

서 있으면 앉고 싶고 앉으면 눕고 싶고 누우면 자고 싶다.

이것은 인간의 본성이다. 하지만 한 단계식 나아갈수록 비용(마이너스)이 발생한다. 하지만 이러한 추가지출이 자신의 건강이나 삶에 반드시 이로운 것은 아님을 우리는 놓치고 있다. 따라서 우리는 자신을 죽이는 편안을 추구하고 있다.

돈 많고 배 나왔으며 거동도 불편한 부자, 좋은 차에 수행 기사까지 따라다니며 좋은 음식에 손도 까딱하지 않는 편안한 삶이 우리가 추구하는 삶인가? 이보다는 돈이 있어도 건전한 운동과 활동으로 비용도 줄이고 자신의 건강과 삶에도 이로운 선택적 지출을 해야 한다. 편한 것과 건강히 사는 것과는 다름을 명심해야 한다.

미국의 400대 부자 중 3위인 버크셔 해더웨이 그룹의 버핏 회장이 한 고등학교 연사로 초청되어 어떻게 하면 부자가 될 수 있는지에 대한 연설을 부탁받았다고 한다. 이때 버핏이 네 가지 이야기를 했다.

"부자가 되고 싶다면 가장 먼저 해야 할 일이 있습니다. 신용카드를 버리는 것입니다."

세계 최고의 부자 그룹에 속한 버핏의 말에 학생들은 웅성거렸고 그는 어떻게 하면 부자가 될 수 있는지 그 네 가지 비결을 말하기 시작했다.

"저는 열한 살 때부터 주식투자를 시작해 지금은 투자의 현인으로도 불립니다. 그런데 최근 미국이 갈수록 빈부 격차가 심해 심각한 사회문제가 되고 있습니다. 이런 문제를 지켜보면서 네 가지 부자가 되는 비결을 알게 되었습니다. 부자가 되기 위해서는 첫째, 금리가 높은 카드를 상습적으로 이용하면 부를 축적할 수 없다는 것입니다. 둘째, 직장생활이나 결혼생활의 출발을 빚보다 작은 저축으로 시작하는 겁니다. 셋째, 보수가 적더라도 적성에 맞는 직업을 선택해야 합니다. 그리고 넷째, 아이디어에는 세금이 부과되지 않습니다. 그러니 창의력을 발휘하면 돈이 보입니다."

세계적인 백만장자가 말하는 부자의 첫 번째 비결 역시 지출을 줄이라는 것이다. 카드를 상습적으로 쓰다 보면 현금보다 그 감각이 더욱 둔해져 소비지향적이 되고, 카드 사용에 나가는 수수료까지 쓸데없는 지출이 되므로, 꼼꼼하게 챙겨 새어나가는 돈을 막으라는 것은 어쩌면 작은 지출에 더욱 신경 쓰는 부자들의 면면을 나타내주는 대목이라 할 수 있다.

— 도보 출퇴근 vs 자전거 출퇴근 vs 자가용 —
시간과 돈 그리고 건강의 트레이드오프(trade off)

선택할 수 없는 더하기보다는 선택할 수 있는 마이너스에 집중하라.

지출의 세부항목을 짜라

'아껴야 산다.'
'그저 근검절약하는 게 잘사는 것이다.'
어른들로부터 이런 이야기는 귀가 따갑도록 들었다. 또한 알뜰하게 절약해야 성공한다는 것은 초등학교 아이들도 알 만큼 경제성장의 기본이다. 그런데도 많은 사람들이 그렇게 하지 못하는 이유가 무엇일까. 지출에 대해 오해하는 부분이 많기 때문이다.

"누가 지출을 마이너스하는 걸 몰라서 그러나요? 그렇지만 어디 안 쓸 데가 있냐구요. 월급 받으면 돈 달라고 서 있는 곳이 한두 군데 라야죠."

맞는 말이다. 하지만 그동안 지출에 대해 너무 무관심했던 건 사실이다. 대부분의 주부나 가장들에게 지출항목이 몇 개나 되는지, 또 어떤 곳에 얼마나 나가는지 제대로 알고 있는 사람은 몇 안 된다. 가계부를 쓰는 주부들은 많지만 지출을 어떻게 나누어야 하는지 알지 못하는 경우가 대부분이다.

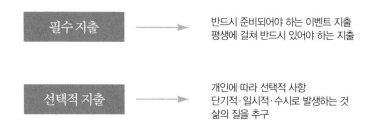

이 그림은 지출을 크게 두 가지로 구분한 그림이다. 보다시피 지출은 필수 지출과 선택 지출로 나뉘어질 수 있다. 필수 지출은 인생에 반드시 도래하는 이벤트를 해결하기 위한 지출을 말한다. 삶 속에 오게 되는 이벤트들, 주택마련이나 자녀교육, 결혼, 상해나 질병 등의 위험보장 등의 지출은 생활의 보호막으로서 지출되어야 할 부분이다.

그런데 문제는 선택적 지출에 있다. 많은 가정이 선택적 지출을 필수 지출로 생각하며 살아가고 있다는 데에 문제가 발생한다. 선택 지출은 개인에 따라 선택할 수 있는 지출을 말한다. 예를 들면 명절이 되어 시골로 내려가는 데 차를 끌고 갈 것인지, KTX를 타고 갈 것인지, 아니면 비행기를 타고 갈 것인지 몇 가지 선택 사항 중에서 개인에 따라 선택할 수 있는 지출이다. 또한 여행을 가서 관광호텔에서 묵을 것인지 민박에서 묵을 것이지 선택하여 지출할 수 있다. 이처럼 선택적 지출이란 단기적·일시적·수시로 발생하는 일에 대해 지출을 하는 것으로서, 삶의 질적인 면을 추구한다.

그 몇 푼 아껴서 어느 세월에 돈을 모을까 째째해 보이고 답답해 보일지언정 현실적으로는 선택 지출이 아주 많기 때문에 차이는 크다. 또한 계속 시간은 흘러가고 있기 때문에 그 차액은 시간에 따라 불어나게 마련이다.

선택적 지출은 삶의 질을 추구하는 지출이다. 사람마다 추구하는 삶의 질에 따라 달라진다. 어떤 사람은 무조건 집은 넓고 좋은 곳에서 살아야 하지만 먹는 것은 그다지 신경 쓰지 않는다. 그 사람은 수입의 많은 부분을 주택마련에 투자하겠지만 식비 지출에 있어 다른 가정의 반밖에 안 될 것이다. 그러나 어떤 사람은 집은 좁은 데 살아도 괜찮지만 계절에 한 번씩 꼭 여행을 다녀와야 하는 사람도 있다. 그 사람의 주택마련 이벤트 자금은 적겠지만 여행비용이란 선택적 지출은 많이 차지할 것이다.

지출은 각자 형편대로 달라질 수밖에 없다. 중요한 것은 어떤 것이 필수적인 지출인지, 어떤 것을 선택해서 지출할 수 있는지 지출항목을 구분하고, 선택적 지출의 세부항목을 어떻게 마이너스시킬 수 있을지 조절해야 한다. 망대를 세우고자 했을 때 그것을 완성하기에 충분한지 앉아서 비용을 계산해 보는 지출형 사람이 되어야 한다.

이렇게 철저한 지출항목을 짜보며 계획적인 인간형으로 바뀌게 된다면 그동안 답답하게만 느껴지던 절약이 곧 뉴플러스를 창출해내는 것과 동일한 것임을 깨닫게 될 것이다. 생각해 보라. 돈을 아껴라, 물건을 아껴써라 등의 이야기는 강제성을 띄어 오히려 하기 싫은 마음을 유발시킨다. 그러나 지출을 계산함으로써 발생하게 되는 소득 즉 새로운 뉴플러스를 발생시키게 되면 그것 역시 자신에게 플러스, 즉 무기가 되어 훨씬 지혜로운 경제활동이 될 수 있다.

절약이라고 생각할 때와 뉴플러스를 창출해냈다고 생각했을 때의 가정경제는 180도 다른 차이를 보인다. 다음의 표에서 보듯 절약이 아닌 지출을 통해 뉴플러스를 발생시키는 것으로 생각을 전환시킬 필요가 있다.

절약	뉴플러스
줄인다	소득이다
보통 후행적이다	선행적이다
무조건	합리적 선택
활동 위축	생산적이고 발전적인 행동

이 시간부터 자신이 세우고자 하는 망대에 대해 철저히 지출항목을 짜보도록 하라. 절약이라는 답답함의 마이너스를 떠올릴 것이 아니라 절약이 곧 뉴플러스를 창출해내는 것임을 깨달을 수 있을 것이다. 그러면 가계부가 훨씬 가벼워질 것이다.

 Tip 지출을 줄여 뉴플러스를 발생한 사례

〈사례〉 **이것도 뉴플러스(돈도 벌고 건강에도 유익)**
버스 타고 출퇴근, 1년에 77만 원 절약
"교통 체증의 스트레스가 줄고 틈틈이 책 읽는 기쁨도 있어요."
그리고 걷는 것이 많아져 건강에도 도움

〈중앙일보 2008. 6. 25〉 **전용주 씨의 교통비 비교**
승용차 이용 시: 131만 3,280만 원
대중 교통 이용 시: 54만 7,200원
교통비 절감액: 76만 6,080원

빚 털어내기와 모으기

부자들을 오랜 기간 연구한 결과를 모아서 『이웃집 백만장자』를 쓴 토마스 J. 스탠리 박사와 윌리엄 D. 댄코 박사는 부자의 정의를 이렇게 내리고 있다.

'부는 반드시 수입과 일치하지 않는다. 만일 당신이 해마다 많은 수입을 벌어들이면서도 그것을 모두 다 써버린다면 당신은 부유해지고 있는 것이 아니다. 단순히 부유층의 생활을 누리고 있는 것일 뿐이다. 부는 당신이 축적하는 것이지 소비하는 것이 아니다. 부는 대개 근면하고 인내심이 강하며 계획적이고 자제력 있는 생활습관으로 얻을 수 있다. 이 중에서도 가장 중요한 것은 바로 자제력이다.'

앞서 나왔던 빙산 모델을 기억할 것이다. 보이는 것에만 치중한 나머지 수면 아래 잠긴 문제들을 생각하지 못했던 두 삼각형. 사람들이 부러워하는 첫 번째 큰 삼각형 A는 수면 아래의 반 이상이 빚으로 채워져 있다. 이제 여기에 해당하는 사람들은 보이지 않던 부채 부분을 끌어안고 살아가야 한다. 언제 모두 갚을지 모르는 상태에서 이자율은 높아지고 대출 날짜가 다가오면 가슴 졸이고 독촉전화에 시달리며 살아야 한다. 이 큰 삼각형은 결국 평생 빚을 털어내는 인생이 되고 만다.

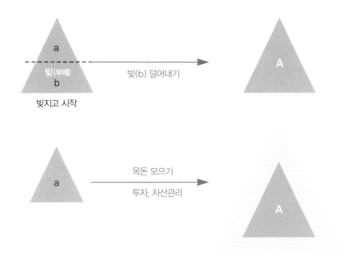

그러나 작은 삼각형 a의 이야기는 다르다. 여기에 속하는 사람들은 적은 돈이지만 부채가 거의 없기 때문에 온전히 자신의 재산으로 관리하면 된다. 다시 말해 이들은 투자나 자산관리를 통해 순자산의 규모를 넓힐 수가 있게 된다. 한마디로 모으는 인생이 된다는 것이다.

결국 이 둘의 인생이 어떻게 변화하는가. 빚 털어내는 인생은 더이상의 발전 없이 빚만 털어내다 볼일 다 본 인생이 되고, 목돈 모으는 인생은 가지고 있는 자산 내에서 지출을 관리하여 더 큰 삼각형으로 바뀌는 인생이 된다.

친구 김갑돌과 홍길동은 같은 회사에 다닌다. 이 둘은 같은 달 결혼을 하게 되었다. 김갑돌은 5,000만 원 은행대출을 받아 방 두 칸짜리 아파트에서 시작했고 홍길동은 형편에 맞춰 다세대주택에서 빚 없이 시작했다. 이 둘의 재무적인 삶을 비교해 보자.

대출을 받은 김갑돌의 경우 5,000만 원을 은행에서 대출 받았으니 이자 7퍼센트로 잡는다면 매월 30만 원 정도의 이자를 은행에 줘야 한다(원금은 그대로 있다). 만약 대출 기간이 3년이라 3년 동안 이자만 지불했다면 30만 원×12×3=1,080만 원을 이자로 지불한다. 아직도 원금은 그대로 있다.

이 이야기는 이자 내기 위해서 돈을 버는 것이고, 조금 더 넓은 집에 살기 위해 돈을 번다는 것이다. 하지만 대출을 받지 않고 시작했다면 1,080만 원이 자신의 적금 통장에 매월 쌓여 가고 있을 것이다. 그것뿐인가? 이자를 제때 내지 않으면 연체가 되고 은행으로부터 독촉을 받게 되어 쫓기는 삶이 된다. 김갑돌은 개인 신용도가 나빠지게 되고 추후에 대출을 받을 때 불이익을 받게 된다. 인생의 자금 조달 비용이 커지게 된다는 의미다. 이 사람은 살아가는 비용이 신용이 좋은 사람에 비해 높기 때문에 빈익빈 부익부의 악순환이 될 것이다.

반대로 홍길동은 우수 고객으로 은행에서도 다른 금융상품을 팔기 위해 특별히 관리하는 고객이 될 것이며 신용도가 계속 쌓여 가게 되어 대출을 받게 되더라도 김갑돌보다 낮은 이자로 대출을 받을 수 있는 것이다.

이것뿐만이 아니다. 김갑돌이 처음부터 대출, 즉 빚을 지기 시작하면 또 다른 빚을 쉽게 지게 된다. 그러다 보면 인생은 빚 갚는 데다 보내게 된다. 이것이 많은 전문가들이 단골로 이야기하는 레버리지 효과로, 어떤 일을 하는 데 돈을 빌려(부채) 투자하여 조달비용(이자)보다 훨씬 높은 수익을 가져오는 것을 이야기한다. 기업에서도 많이 활용되는 경영기법이다.

하지만 지금처럼 어려운 경제 환경 속에서 미래의 불확실성이 증대되고 있는 이때 미래에 돌아오는 수익은 불확실한데 성공 여부와 상관없이 지출해야 하는 이자비용을 감당해야만 하는 것을 가계경제에 적용시키는 것은 맞지 않다. 은행에 빚을 내어 주식이나 펀드에 투자하는 경우가 이에 속한다. 많이 벌 수도 있지만 원금도 날리고 고스란히 빚만 남기게 되는 경우가 허다하다. 그러므로 김갑돌의 삶은 빚으로 인해 너무 위험투성이다.

빚 털어내는 인생은 굴욕적이다. 겉으로 좋아 보이게 느껴지기만 할 뿐, 독촉전화에 시달리고 더 큰 삼각형으로 옮겨갈 꿈조차 꾸지 못한다. 그러나 작은 삼각형으로 시작해 큰 삼각형을 이룬 목돈 모으는 인생은 언제나 해피하다. 언제나 투자상담원으로부터 투자를 권유받는 등 평생을 대접받는 인생으로 살아갈 수 있다.

빚도 일종의 지출이다. 빚이 없으면 없을수록, 다시 말해 지출이 마이너스가 될수록 모으는 인생, 대접받는 인생으로 변할 수 있다. 더 이상 다른 집과 우리 집의 삼각형을 비교할 것이 아니다. 우리 집

은 우리 집만의 삼각형을 가지고 빚이라는 지출을 마이너스시킬 때
넉넉함이 찾아올 것이다.

알고 합시다 ● 내가 소유하고 있는 주택의 가치는?

당신이 소유하고 있는 주택이나 아파트의 가치는 두 가지로 구성된다.
첫 번째는 사용가치이고 두 번째는 투자가치이다.
예를 들어 100제곱미터(30평) 아파트(시세: 4억, 전세: 1억 5천)를 소유하고 있다면 그
아파트를 전세로 얻을 수 있는 금액, 즉 1억 5천만 원이 사용가치이다. 왜냐하면 이
아파트를 전세로 얻으면 사용할 수 있기 때문이다. 나머지 금액, 즉 2억 5천만 원은
이 아파트를 소유하기 위해 투자한 투자가치라 할 수 있다. 전세로 살고 차액만큼 투
자할 수 있는 금액이기 때문이다. 그러니 부동산 가격이 계속 오를 때는 투자가치가
있었지만 그렇지 못하면 오히려 아파트를 깔고 앉아 손해보고 있는 꼴이다. 우리나
라 사람들의 집에 대한 소유욕이 너무 강하다. 그래서 집 한 칸 장만하려고 모든 것
을 희생한다. 그렇게 해서 가진 집도 값이 오르지 않으면 소유한 것으로 만족한다.
재무적으로 보면 사용 자산 이외의 돈에 대해서는 최소 은행이자보다 집값이 더 올
라야 한다. 그렇지 않다면 전세로 살다가 그 돈을 투자하여 언제라도 아파트를 사면
되는 것이다. 당신은 어떠한 선택을 할 것인가?

백만장자들의 마이너스 지출법

충주 지방에 아주 유명한 자린고
비라 불리는 부자가 살았다. 하루는 어떤 사람이 그를 찾아가 어떻

게 하면 부자가 될 수 있는지 비결을 알려달라고 간청을 하였다. 고비는 그 제안에 흔쾌히 응하며 내일 성 위에서 만나자고 약속을 하였다.

다음날 성 위로 올라가 보니 소나무 한 그루가 성 밖으로 뻗어 있었고 그 아래는 절벽이었다. 잠시 뒤 고비가 그곳에 와서는 그 사람에게 성 밖으로 뻗어 있는 소나무 가지를 잡으라고 이야기를 했다. 그 사람은 이제야 부자가 되는 비결을 알려주는구나 싶어 소나무 가지를 두 손으로 꽉 잡았다.

"자, 이제 잡고 있는 두 손 중에 한 손을 놓으시오."

"아아니 뭐라고요? 두 손도 모자랄 판에 한 손을 놓으라니…."

그 사람은 울상이 되어 어쩔 수 없이 한 손을 놓고 아주 위태롭게 다른 손으로 나뭇가지를 붙잡고 있었다. 바로 발 아래로는 낭떠러지가 있으니 애가 바짝바짝 마르고 너무도 위태로웠다. 그는 필사적으로 나뭇가지를 붙잡고 있었다.

"자, 바로 지금 당신이 하고 있는 일이 부자가 되는 비결이라오. 당신이 위태롭게 소나무 가지를 꽉 붙잡고 있는 것처럼 부자가 되려면 당신의 재물을 지금처럼 붙들고 있으면 된다오."

부자들은 돈을 펑펑 잘 쓰는 사람들이 아니다. 오히려 10원 하나 100원짜리 하나를 아끼는 사람들이 많다. 실제 성공적으로 부를 축적한 사람들에게 나타나는 공통점 중에 제일 첫 번째가 '자신의 부에 비해 훨씬 검소하게 생활한다'였다고 한다. 모두 지출 마이너스의 원리를 철저히 생활에 반영한다.

한국에서 가장 경제적으로 성공한 사람을 꼽으라고 하면 현대그룹의 정주영 회장을 떠올릴 것이다. 정 회장 역시 짠돌이로 유명하다. 선택하여 지출할 부분에 대해서는 가능하면 지출하지 않고 그대로 사용했다. 30년 전에 지은 집에는 20년 넘는 소파와 10년이 다 된 17인치 TV가 전부였다니 그가 평생 가전제품에 나간 지출은 거의 없으리라 생각한다. 작업복 역시 17년 전의 옷을 입으며 일선 현장을 누빈 정 회장의 지출 마이너스 정신은 한 나라의 근간을 이룰 기업을 이루었고 개인적으로도 성공한 부자로서 좋은 영향을 미쳤다.

LG그룹의 구자경 회장 역시 몸에 밴 지출 마이너스 정신으로 유명하다. "뭉칫돈 나가는 건 표가 나서 신중해지지만 작은 돈은 그렇지 않다. 작은 돈을 쓰는 데 더 신중해야 한다."라는 금융철학을 가진 구 회장은 많은 재산을 가졌으면서도 남은 음식 몇 조각, 동전 몇 개의 소중함을 알았기에 밑바닥에서 가장 위까지 올라갈 수 있었을 것이다.

거평그룹의 나승렬 회장 역시 벌고 안 쓰면 돈을 번다는 경영철학이 확고했던 터라, 뒤축이 다 떨어진 신발을 신고 다닐 정도였고 회사에서 자장면을 시켜먹는 등 지출의 마이너스를 생활화하는 기업인이었다고 한다.

이들이 돈이 없어서 이러겠는가. 불론 어린 시절 가난함이 그들의 부유를 부르는 잠재적인 힘이 되기도 했지만, 그들은 돈을 만지면서 그것의 귀함을 알았고 검소하게 지출을 줄이며 사는 것이 자신의 자산을 잘 관리하는 좋은 방법이라는 것을 깨달았기 때문이다.

투자의 귀재 워렌 버핏도 자신의 투자원칙 1호를 '절대로 돈을 잃지 말라'로 정했다. 그만큼 돈을 잃어 쓸데없는 지출을 만들어내지 말라는 지출 마이너스 원리(뉴플러스 원리)를 곳곳의 백만장자들이 실천하고 있다는 사실이다.

뉴플러스 원리8_ 수도꼭지의 크기를 마이너스하라

만약 수도꼭지가 하나라면?

아파트에 사는 O씨의 집에는 특이하게도 아주 수압이 세고 커다란 수도꼭지가 하나 있다. 어찌나 물살이 세고 튼튼한지 빨래를 한 번 하면 금세 때가 씻겨 나가는 등 시원한 빨래를 할 수 있다.

옆집에 사는 P씨네 집은 수도꼭지가 세 개 있다. 화장실에 있는 수도꼭지는 중간쯤 되는 것으로 수압은 O씨네 것보다 딱 절반이다. 게다가 씽크대에 설치된 수도꼭지는 화장실 것보다 더 약하고, 베란다에 있는 것 역시 마찬가지이다. P씨는 늘 O씨네 수압 센 수도가 부러웠다. 시원하게 빨래하는 O씨가 부러웠고, 시원찮은 자신의 빨래는 늘 그저 그랬다.

그런데 어느 날 아파트 물탱크에 일이 생겨 중앙에서 공급되는 수돗물이 중단된다는 소식을 들었다. 언제까지 그럴지 모른단다. O씨네는 당장 먹고 사용할 물 때문에 난리가 났다. 음식도 못 만들고 청소는 물론 빨래는 더욱 못하기 때문에 집 안에는 벌써부터 벌레들이 들끓고 가족들은 초췌해졌다.

P씨네는 사정이 달랐다. 중앙에서 공급되는 수도꼭지 외에 두 개의 수도가 더 있었기 때문이다. 말하자면 공급원이 세 개가 있기 때문에 하나가 중단되어도 두 개의 발전기가 돌아가는 셈이다. 물이 콸콸 잘 나올 때는 항상 O씨네를 부러워했던 P씨는 위기상황이 되어 보니 공급원이 여러 개인 자신의 가정 환경에 다시금 감사함을 갖게 되었다.

나는 어떤 수도꼭지를 틀고 있는가

A의 수도꼭지는 커다란 사이즈로 이루어져 있다. B도 A보다 작지만 하나로 이루어져 있다. 그러나 C, D, E는 작은 사이즈의 수도꼭지 세 개로 이루어졌다. 크기로 따신다면 C, D, E 모두 합해도 A의 사이즈를 따라가지 못한다. 그러

나 위험한 상황에서는 수도꼭지가 많은 것이 훨씬 유리하다는 걸 알수 있다.

돈을 이기는 뉴플러스 부자가 되기 위해서는 수도꼭지의 크기보다 개수가 더 중요하다.

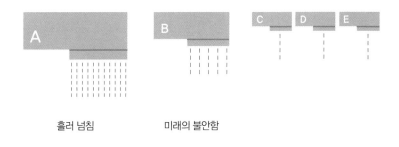

홀러 넘침   미래의 불안함

A의 수도꼭지에서 나오는 물은 수압이 세고 편리하겠으나 흘러넘치는 물이 많게 마련이다. 한꺼번에 저 물이 소비될 수 없기 때문이다. 그러나 C, D, E는 물이 졸졸 흘러나오는 것 같지만 낭비되는 물없이 사용될 수 있다.

우리 재정관리도 수도꼭지와 같다. 대부분의 가정이 수입원을 단하나의 수도꼭지로 묶어놓고 쓴다. 월급이 들어오는 통장 달랑 하나로만 생활을 한다. 한꺼번에 월급이 들어오면 지출할 곳을 향해 물쏟아지듯 쏟아진다. 그런데 이때 수압이 너무 세다 보면 흘러넘치듯수입원이 한꺼번에 흘러나가면 분명히 흘러넘치며 낭비되는 돈이 있게 마련이다.

과거 우리네 어머니께서 아버님의 월급을 받으신 다음날 꼭 하셨던 말씀이 있었다. 분명히 어제 월급을 받았는데 어느새 몽땅 다 달아나 마치 도둑맞은 것 같다는 것이다. 어머니께서는 큰 수도꼭지 하나만 가지고 계셨기 때문에 그렇다. 많건 적건 간에 하나의 수입원을 공급원으로 가지고 있다면 흘러넘쳐 낭비되는 지출이 많을 수밖에 없다.

이제는 월급을 관리할 때 C, D, E와 같은 작은 수도꼭지들로 나누어 관리할 필요가 있다. 비록 물줄기는 약할지언정 월급이 어디에 쓰이는지, 어디에 조금씩 쌓여가고 있는지 한눈에 알 수 있는 탓에 갑작스런 지출 상황이 벌어질 때 자신이 어디에 돈을 쓰고 있으며 어디에 채워 넣어야 할지 알 수 있다. 수도꼭지를 많이 마련하면 할수록 더욱 지출항목이 세밀해지며 꿈의 실현에 계획적으로 다가갈 수 있다는 사실이다.

통장 쪼개기 원칙

'당신은 통장을 몇 개나 가지고 있습니까?'

이런 질문을 했을 때 대부분의 사람들은 월급통장 하나이고 많아야 월급통장에 청약통장, 보험 정도를 가지고 있다. 그러나 이 정도로는 돈을 이기는 자산관리가 되지 못한다. 각자 인생을 통해 이루고 싶은 꿈이 있다. 그 꿈을 실현하기 위해 재무계획은 반드시 필요한데 그 계획 속에는 꿈을 이루기 위해 반드시 해결해야 할 이벤트들이 존재한다.

그 이벤트는 각자가 정해야 할 것들인데, 그것에 맞는 수도꼭지들을 쪼개어 준비해야 한다는 것이다. 처음 공급되는 수입원의 통장 크기는 사람에 따라 다르다. 그러니 그 크기에 맞는 수도꼭지들은 각자 준비해야 한다. 다음의 그림은 여러 개의 통장으로 나눈 그림이다.

1 ⟶ 생활비, 비상자금(CMA, MMF)

2 ⟶ 결혼자금

3 ⟶ 자녀교육비

4 ⟶ 주택마련자금(장기주택마련저축, 청약저축)

5 ⟶ 자녀결혼자금

6 ⟶ 노후자금(종신보험, 연금보험)

이 그림을 보며 생각할 것이다. '저 많은 통장을 어떻게 만들란 말이야?' 그러나 지금 예를 보인 이벤트들은 대부분의 가정에서 공통적인 이벤트로 삼고 있는 것들이다. 오히려 각자의 꿈을 이루기 위해 다가올 이벤트들은 빠져 있는 상태다. 만약 자신이 문화적 생활의 윤택함을 꿈꾸는 사람이라면 저 통장 가운데 7번을 만들어 문화자금으로 통장을 만들어야 할 것이다.

이 1번부터 6번까지의 통장은 액수의 크고 작음에 구애받지 않아도 된다. 통장이 적으면 적은 대로 이벤트가 다가왔을 때 그 규모 내에서 해결하면 된다. 그러나 통장이 아예 없을 때에는 이벤트가 다가왔을 때 아무런 대책이 없게 되고 마이너스로 인해 고통 속에 빠져 살게 된다. 그러니 반드시 통장 쪼개기는 필요한 자산관리 방법이다.

또한 고정수입에서 통장 쪼개기를 할 때는 자동적으로 되는 게 좋다. 그렇지 않으면 한 달 미루고 두 달 펑크 나는 등의 오류를 범할 수 있기 때문이다.

통장 쪼개기가 준비되면 각기 이벤트가 도래하는 시기가 다르므로 투자하는 시기도 달리하는 게 현명하다. 그림에서 보듯 생활비나 비상자금은 CMA, MMF로 준비하며, 주택마련자금의 경우 장기주택마련저축 또는 청약저축과 같은 장기수익을 올릴 수 있는 금융상품으로, 또한 고령화에 따른 필수저축이라 할 수 있는 노후자금은 연금보험과 같이 장기적으로 노후를 책임질 수 있는 확실한 상품들로 정하는 게 좋다.

이러한 상품들에 대해서는 전문가의 도움이 필요한데, 앞서 말했던 더하기 전문가가 아닌 의식이 깨어 있는 객관적인 전문가의 도움을 받는 것도 훨씬 이익이 될 수 있다.

어쨌든 이렇게 통장 쪼개기가 실천되면 당신은 이벤트로부터 자유로워진다. 이벤트가 다가오면 그때그때 준비한 통장만 내놓으면 되기 때문이다. 또한 중간중간 그 돈이 만들어지고 커져가는 것을 눈으로 볼 수 있으므로 더욱 여유로운 삶을 살 수 있게 된다. 어떤 사람은 그 이벤트들이 기다려진다고 한다. 그러나 내일 모레 미루고 실천하지 못한 사람들은 다가오는 이벤트를 바라보며 제발 우리 집은 비껴가기를 헛되게 바라기도 할 것이다. 부질없는 소원인지 알면서도 말이다.

내게 자산관리 상담을 받은 한 중년 남성의 이야기이다. 그 가정 역시 통장 쪼개기로 이벤트를 준비하면서 가족의 꿈을 이루기 위해 재무계획을 열심히 세우고 있었다. 그런데 하루는 작은 아들이 부모님께 와서는 이실직고하더란다. 자신도 모르게 모바일 게임을 하게 되어 요금이 20만 원이 나왔다는 것이다. 고등학교를 다니고 있던 자녀였기에 20만 원이란 돈이 없었을 테고 부모님께 도움을 요청한 것이다.

그 이야기를 듣고 그분이 가족을 모두 모이게 했다. 그러고는 통장 열 개를 꺼내 들었다.

"자, 이 열 개는 우리 가족이 모두 재무계획에 따라 통장 쪼개기를 해서 만든 통장들이다. 너희들도 함께 계획을 세웠으니 잘 알거야. 그런데 이번에 막내가 20만 원을 채워달라고 하니 가족에게 의논을 하려고 해. 여기 열 개의 통장 중에서 그 돈을 꺼내 써야 하는데, 둘째의 잘못이니까 둘째의 이벤트 해결을 위한 통장에서 돈을 쓰려고 하는데 어떠니?"

빚진 죄인(?)인 작은 아들은 주택마련자금 통장에서 20만 원을 빌어다 쓰겠다고 했다. 그러고는 20만 원을 꾸어감으로써 미래의 자신의 방을 그만큼 줄이겠다고 했다.

그런데 며칠 뒤부터 작은 아들이 새벽같이 사라지는 것을 발견했다. 그 중년 남성은 아들이 아침 운동을 시작하나 보다고 대수롭지 않게 여겼는데 석 달 뒤에 일의 전말을 알게 되었다. 아들은 석 달이 지난 뒤 땀이 흠뻑 젖은 채 20만 원을 들고 아버지께로 왔다.

"아버지, 이거 20만 원이에요. 이제 제 방 줄이지 않아도 되죠? 휴, 돈 벌기 힘드네요."

가족이 함께 꿈을 공유하는 것과 통장 쪼개기의 실천이 각각의 가족 구성원에게 얼마나 대단한 영향을 미치는지 알 수 있는 사례이다.

소득의 리스크를 마이너스하라

소득의 리스크

살다 보면 너무도 많은 리스크가 존재한다. 지금 당장 생명이 사라질 위험도 있고, 가족의 건강이 안 좋아질 위기도 있다. 예측하지 못한 사고에 대한 위험과 수입원의 안정성에 대한 위험도 항상 존재한다. 따지고 보면 사람이 살아가는 환경 속에 안심할 만한 것은 없다.

위험(risk)

수입원의 안정성에 대한 위협 **상존**

나와 가족의 건강에 대한 위험 **상존**

예측하지 못한 사고에 대한 위험 **상존**

기타 지출요인 발생(비상 자금) **가능성 상존**

관리 및
대비 필요

그러니 돈을 이기는 행복한 부자가 되려면 이러한 리스크가 어떤 것이 있으며 그것을 어떻게 하면 대비할 수 있는지 생각해야 한다. 그런데 삶에서 다가올 리스크를 노력으로 줄이는 일은 거의 불가능하다. 우리가 할 수 있는 일은 리스크를 대비하는 것이다.

리스크를 대비한다는 것은 앞서 통장 쪼개기를 통해 이벤트에 맞는 재무적인 대비를 하는 것 외에 소득의 리스크를 마이너스하는 것도 포함된다.

　우리가 얻는 소득은 너무도 큰 리스크를 안고 있다. 어느 날 갑자기 해고를 당해 매달 들어오는 월급이 한번에 끊길 수도 있고, 갑작스런 부도로 수입이 끊길 수도 있다. 또한 생활비 전부를 넣어 두 배로 불릴 생각에 무리하게 투자한 것이 쪽박을 차서 마이너스 인생으로 바뀔 수도 있다.

　지금 많은 사람들이 의존하는 소득은 1차 소득과 2차 소득이 대부분이다. 1차 소득은 고정적으로 들어오는 수입원을 말하며 2차 소득은 1차 소득으로 인해 가공된 소득을 의미한다. 1차 소득이 월급이라면 2차 소득은 예금과 펀드 투자와 같이 자금을 늘려보려는 노력이다. 물론 1차 소득이 없는 경우도 많고, 1차 소득만으로 가정경제를 운영하는 가정도 많다. 여기서는 1차 2차 소득이 있다고 가정을 하고 그 소득들도 얼마나 리스크를 안고 있는지 알아보려 한다.

	1차 소득 근원적 소득	2차 소득 가공 소득
	불확실	불확실
good	불확실(저)	분산투자
경제	불확실	분산투자
bad	불확실(고)	무위험 자산

이 그림은 우리의 1차 소득과 2차 소득을 경제 사정에 따라 나타낸 그림이다. 왼쪽은 경제상황이 어떻게 바뀌는지를 나타내고 그에 따라 1차 2차 소득이 어떻게 달라지는지 나타내 주고 있다. 한눈에 봐도 우리가 얼마나 불확실하고 위험한 소득에 의존하고 있는지 알 수 있을 것이다.

1차 소득을 보면 불확실한 공급원이다. 경제 상태가 좋아진다 해도 불확실성이 낮아질 뿐이지 완전히 사라지는 것은 아니다. 또한 1차 소득을 가공하여 얻게 되는 2차 소득의 경우도 불확실한 것은 마찬가지이다. 2차 소득에는 위험보장자산 펀드 등의 저축성 소득이 들어가는데 경제상황이 좋아질 땐 분산투자로 얼마가 될지 모르는 불확실한 수익률을 올릴 수 있지만 경제가 나빠지면 2차 소득이 발생하지 않기 때문에 위험자산이 전혀 없는 상황이 벌어질 수 있다.

이처럼 우리의 소득은 불확실하다. 아무리 경제상황이 좋아진다 해도 다달이 얼마를 보장해 주는 일은 없다. 철저히 소득의 리스크를 고스란히 감당해야 한다.

소득의 리스크를 마이너스하는 뉴플러스

옆주머니를 찼다는 아주머니의 고백을 들으며 나는 손뼉을 쳐주었다. 그녀가 마련한 옆주머니의 이야기가 뉴플러스를 발생하는 이 마이너스 원리와 잘 맞았기 때문이다.

"살다 보니 항상 비상금이 필요하더라구요. 아무리 준비를 해놨다고 하지만 살다 보면 예상치 못한 일들이 너무 많으니까요. 저도 별의별 투자도 해봤지만 그거 다 믿을 게 못 돼요. 주식투자 전문가들도 그렇잖아요. 투자자들이 1퍼센트도 수익을 못 낸다면서요? 그래서 생각해 낸 것이 전체 지출에서 수입을 내자는 거였어요. 평소 택시 타고 다녔던 곳을 버스 타면서 몇천 원 세이브하고 문화센터에서 암벽등반하던 수강비를 뒷산 등산하기로 바꾸어 세이브시키면서 그 돈을 모아 매달 투자한 거예요. 그러다 보니 옆주머니가 두둑해졌어요."

그 아주머니는 옆주머니가 생긴 뒤 가정경제에 대해 여유를 찾을 수 있었다고 고백했다. 늘 인생의 리스크 안에 살지만 새로운 리스크가 다가올지라도 자신의 옆주머니가 그것을 해결해 줄 수 있다는 마음에 편안하다고.

"다른 돈들은 언제 어떻게 될지 모르지만 제가 찬 옆주머니 돈은 온전한 수입이잖아요. 어디 도망가지 않으니까 든든하지요."

앞서 우리는 불확실하며 불안한 1·2차 소득에 대해 알아보았다. 이제는 조금 더 확실한 소득원을 얻는 방법에 대해 알아보아야 할 때이다. 소득에는 1·2차 소득 외에 3차 소득이 존재한다. 그것을 뉴 플러스라 한다.

3차 소득은 지출을 마이너스함으로써 1차적으로 발생시킬 수 있다. 이것은 절약과도 비슷한 의미를 지닌다. 절약이라는 사전적 의미가 함부로 쓰이지 않고 꼭 필요한 데에만 써서 아낀다는 것이니 뉴플러스를 발생시킬 때 절약은 필요한 조건이기 때문이다.

3차 소득은 1·2차 소득이 발생하고 난 뒤에 발생될 소득이 아니다. 오히려 선행되어야 하는 소득이다. 다시 말해 근원적인 소득이 들어오기에 앞서 발생될 소득이라는 말이다. 그게 어떻게 가능할까 의심이 들 수 있겠다. 그러나 가능하다.

필수적으로 나가는 지출에 대해 우리는 매우 소극적이다. 가령 매달 빠져 나가는 세금과 같은 필수지출에 대해서도 뉴플러스를 챙길 수 있다. 장기저축이나 주택마련저축과 같은 투자상품의 경우에도 이자율이 더 괜찮은 상품으로 인해 얻어지는 이자도 뉴플러스가 될 수 있다. 물론 앞서 나온 아주머니와 같이 선택지출을 이용하여 뉴플러스를 발생할 수도 있을 테지만 이것은 오히려 소극적인 방법의 하나이다.

3차 소득은 직장이 어떻게 되든 경제상황이 어떻게 되든 있었던 게 없었던 일이 되지는 않는다. 그만큼 확실한 소득이라는 말이다. 오히려 경제상황이 좋지 않을 때 더욱 적극적으로 발생시키고자 하는 의지를 불어넣기에 재무상태가 좋아질 뿐만 아니라 인생 전체에 적극성을 갖는 계기가 되기도 한다.

뉴플러스는 살림의 운용에 따라 규모를 늘릴 수 있다. 사실 3차 소득에 대해서는 사람들이 신경을 쓰지 않고 그럴 엄두도 내지 못한다. 우리 인생은 리스크의 연속이며 아무리 잘 막아냈다고 해도 소득의 리스크는 존재한다. 그러나 소득을 벌어들이기에 앞서 미리 챙겨 놓은 3차 소득이 있을수록 인생의 리스크를 회피할 수 있다. 이것이 바로 돈을 이기는 뉴플러스 부자의 원리이기도 하다.

다시 말해 우리의 총소득은 1·2·3차 소득이 되어야 하며 3차 소득은 1·2차 소득에 비해 선행되어야 할 소득이기도 하다.

총소득=1차+2차+3차 소득

뉴플러스 원리10 ─ 곳간을 마이너스하라

당신의 곳간은?

"많이 버는 사람은 그만큼 써야 사회가 돌아가 요. 제가 가수이기 때문에 남들보다 돈을 좀 더 많이 벌 수 있는 거니 까 나누는 거예요. 게다가 하고 싶은 음악까지 할 수 있으니까 전 세 상에서 가장 행복한 사람이에요. 사람들이 왜 기부를 하냐고 종종 물어봐요. 뭐 별거 없어요. 그냥 기부하면 행복해지니까 하는 거예 요. 물론 이유를 다 따지자면 셀 수 없겠지만 가장 큰 이유는 행복이 에요."

가수 김장훈을 떠올릴 때 이젠 많은 이들이 '행복한 기부자'를 떠 올리곤 한다. 정작 본인은 집 한 채도 마련하지 못했지만 그는 그렇게 자신의 돈을 이웃과 나눈다. 또한 그것을 통해 행복을 느끼며 산다.

김장훈 씨의 이야기에서 그의 돈에 대한 철학을 엿볼 수 있다. 그 는 자신이 가장 행복하게 여기는 가수라는 꿈을 달성하였고 그것을 통해 물질을 취했다. 그리고 그것을 나누며 살고 있다. 그의 돈에 대 한 철학은 '나누며 함께 행복한 것'이 아닐까. 어느 기사에서 보니 그는 집 한 채도 마련하지 않고 월세생활을 한다고 한다. 그러나 그 것에 전혀 구애받지 않는다고 하는데 어떤 이들은 그런 김장훈 씨를 보며 '저런 대책 없는 사람 같으니…'라는 말을 할지도 모른다.

그러나 그것은 생각의 오류일 뿐이다. 누누이 강조했지만 사람마다 자신의 꿈이 있고 그것을 달성하기 위해 이벤트를 확정하며 그것에 따른 자산을 관리한다. 꿈은 본인의 것이므로 그에 따른 이벤트가 다를 뿐이다. 내가 집을 꼭 마련해야 한다는 꿈을 가졌다고 해서 다른 사람의 목표도 그것이란 법이 없다. 김장훈이란 가수의 꿈은 가수로서 무대에서 행복함을 전파할 수 있는 것이다. 그래서 자신의 이벤트를 '좋은 공연'으로 정해 놓고 그 꿈에 맞는 이벤트를 준비한 것이다. 실제로 그는 공연을 위한 투자는 다른 가수들에 비해 탁월하다. 이제 그의 확실한 꿈을 실현했으므로 다른 것은 그에게 중요한 것이 아니다. 그리고 남은 부분에 대해서는 나누는 데 아낌없이 사용하고 있다. 나눔을 통한 행복을 누리는 그를 대중의 한 사람으로서 바라보면 정말 흐뭇하다.

우리는 꿈을 정하고 그에 맞는 솔루션에 따라 보호막을 쳐 놓았다. 우리의 곳간은 튼튼해졌고 견고해졌다. 이제 더욱 풍성해질 것이다. 필요 이상의 물질이 충족될 수 있다. '더 부자가 되면 좋지 뭘' 하며 움켜쥘 생각만 하고 있다면 이미 물질에 다시 정복당하고 있는 것이다.

누구나 필요한 물질의 정도를 알고 있다. 그런데 곳간이 차고 넘치면 욕심 많은 부자처럼 더 큰 곳간을 만들어 더 많이 채워 넣으려고 한다. 그러나 탐심이 지나치면 그날 밤에라도 영혼이 하늘에 취해질 수도 있다는 것을 잊지 말아야 한다.

우리는 항상 자신의 곳간을 되돌아보고 점검해야 한다. 확실한 뉴플러스 원리를 통해 자신의 자산을 관리하고 곳간을 튼튼히 해야 하지만, 필요 이상의 물질이 채워질 때는 부자 청년에게 '이웃과 나누어라'는 가르침을 주셨던 것을 기억해야 한다.

그러나 나눔을 베풀기 전 반드시 자신의 현재생활에 미래에 대한 준비가 되어 있는지 점검을 해 보아야 한다. 간혹 마음만 너무 앞서 분별없이 나눔을 먼저 실천하는 경우도 있기 때문이다. 물론 하나님께서 필요한 만큼 물질을 채워주신다는 믿음도 좋지만, 기억하라. 하나님은 먼저 주신 물질을 잘 관리하기를 원하신다. 먼저 준비하고 나누는 삶이 서로가 행복한 삶이다.

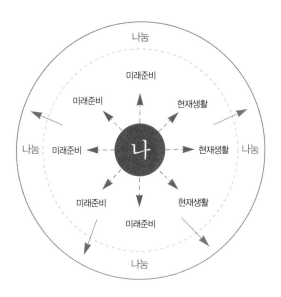

곳간을 비워라 … 살려면 곳간을 비워라

'보리 한 줌을 움켜쥔 사람은 쌀 한 가마니를 들 수 없고 곳간을 지은 사람은 곳간보다 더 큰 물건을 담을 수 없다.'

이 말은 자신의 곳간, 즉 자신의 가진 것의 만족함을 알고 더 큰 욕심을 내지 말라는 의미가 있을 것이다. 아무리 좋은 물건이라도 자신이 짊어지기 버거운 것을 들고 간다면 처음에는 좋을지 몰라도 얼마 못 가 그것이 짐짝처럼 여겨질 수 있다. 자신의 관리 능력 밖의 일이기 때문이다.

물질도 마찬가지이다. 취할 수 있는 것 이상이 취해지면 덜어내야 한다. 더 많이 집어넣으려 하면 물건이 썩고 곳간은 터진다. '터질 만큼 곳간이 채워졌으면 좋겠다. 먹고 죽을 돈도 없는데…'라고 조롱하고 있는가? 그것은 우주의 신성한 물질을 주관하고 풍요롭게 되어 있던 우리의 계획을 대놓고 무시하는 태도이다.

우리는 모두 풍요로울 수 있다. 신성한 물질이 우주를 둘러싸고 있고 우리의 관리능력만 갖춰지면 풍요는 우리의 것이 된다. 아무것도 가진 것이 없다고 생각하는 사람과 아무것도 없지만 풍요의 하나님이 채워주시리라는 믿음을 가지고 생활한 사람은 다른 삶을 살고 있다. 풍요를 향한 믿음과 신뢰가 인생 전체를 바꾸어놓은 예를 얼마든지 볼 수 있기 때문이다.

이제 그 풍요가 허락되면 곳산을 비우는 일에 눈을 떠야 한다.

재무상담을 받는 고객 중에 내로라하는 부자들이 많다. 그들은 어려운 상황에서 부지런히 일하고 꿈을 성취하여 필요 이상의 부를 얻었다. 그러나 그들은 불행하다. 곳간은 비대해졌으나 사람을 믿지 못하여 나누지 못한다. 그의 자녀들의 관심은 이제 아버지에서 돈 많은 사람에게로 향해 있고, 아버지 역시 자녀들을 사랑스러운 자녀가 아닌 언젠가 돈을 뜯으러 올 채무자로 여기고 있기 때문이다.

물론 모든 경우가 그런 건 아니지만 대부분의 경우가 남아도는 돈을 처리하지 못하여 고통을 겪는 모습을 보면 무척 안타까울 때가 많다. 그들에게는 마지막 뉴플러스 원리가 필요하다. 나눔이 얼마나 커다란 파워를 끼치고 있으며 사람의 인생을 어떻게 바꾸어놓는지 알아야 할 것이다.

우리는 미국 여성의 절대 파워 오프라 윈프리를 영향력 있는 여성으로 기억한다. 그녀에 관한 성공 스토리는 너무도 잘 알려져 있어 오히려 식상할 정도다. 그러나 그녀의 성공 스토리가 파워풀하게 다가오는 것은 불우한 환경 속에서도 가난을 딛고 일어서서 최고의 진행자로 최고의 갑부로 거듭난 성공 히스토리이기 때문이 아니다.

방송 진행자로 세계적으로 유명해진 오프라 윈프리가 아프리카를 방문했을 때였다. 아직도 지구상에 그 많은 기아와 난민이 존재하는 것을 눈으로 확인한 그녀는 먹지 못해 힘조차 제대로 쓰지 못하는 아이들의 손을 잡으며 이렇게 말했다.

"하나님께서 내게 왜 그렇게 많은 것을 주셨는지 이제 알겠어요.

그 이유를 깨달았습니다."

그녀는 지금도 기부에 있어 세계 최고를 달릴 정도로 지구촌 곳곳의 어두운 곳에 희망의 빛을 비추며 물질을 나누고 있다. 오프라 윈프리는 돈으로부터 자유를 누리며 산다. 결코 물질의 양이 많기 때문이라고는 설명할 수 없다. 물질의 근원이 창조주로부터 주어진 것임을 시인하고 그것을 나누는 데 최선을 다하기 때문이다. | 인스퍼레이션 – 웨인다이어 참조 |

나눔을 실천하는 사람들

세계에서 알아주는 부자라고 하면 많은 사람들이 빌 게이츠, 워렌 버핏, 오프라 윈프리, 우리나라의 대기업 회장 정도를 생각할 것이다. 물론 이들은 사회의 상위 0.1퍼센트에 드는 세계적인 부자들이지만 아름다운 나눔을 실천하고 있다. 워낙 이들의 이름 자체가 브랜드화가 되기 때문에 이들의 나눔은 이슈화되어 사회면을 뜨겁게 장식하곤 한다.

그러나 우리 주변에는 소리 없이 나눔을 실천하는 이들도 많다. 자신은 평생 시골 장터에서 국밥을 말아 팔았지만 그렇게 번 돈으로 선뜻 독거노인을 위해 1억이란 돈을 내놓는 할머니부터 이름을 끝까지 밝히지 않으며 매달 소년소녀 가장의 집으로 후원금을 보내는 기부자들까지 나눔은 돈만 흘러가게 만드는 것이 아닌 주변에게 큰 영향력을 끼쳐 사람들을 독려하는 힘이 있다.

사회의 상류층으로서 자신이 벌어들인 물질을 아낌없이 사회를 위해 기여한 앤드류 카네기는 이런 말을 했다.

'부자란 과시나 허영을 멀리하며 겸손하고 소박한 삶의 모범을 보여야 한다.'

한마디로 삶을 살아가는 데 필요한 것만 마련되면 나머지는 베풀고 모범을 보여야 한다는 것이다. 많은 나라가 미국을 롤모델로 삼고 있는 것은 미국이 가진 나눔의 파워가 있기 때문이다. 내가 생각하기에 미국의 파워는 그들이 강대국으로 세계의 경제를 좌지우지하는 점도 있지만, 그들의 의식 자체가 나눔이 생활화되어 있다는 것이다. 전 세계의 가난과 빈곤퇴치를 위해 기여하고 나누는 이들을 보면 미국인들이 주도적이다. 이는 그들이 돈이 많아서가 아니라, 그들의 의식 속에 필요 이상의 돈은 당연히 나누어야 한다는 마인드가 있기 때문이다.

미국에서 유학생활을 할 때였다. 가족과 함께 떠난 유학생활은 그리 만만한 것은 아니었고 경제적으로도 넉넉지 못하여 고생을 하기도 했다. 그런데 유학생활 중 많은 미국인 친구들을 알게 되었는데, 그들 역시 미국 땅에 살면서 넉넉지 못한 생활을 하고 있었다. 그런데 그 친구들은 다른 데에 돈을 쓰는 것에는 이리 재고 저리 재며 짠돌이로 살았지만, 매달 단체에 기부하고 후원하는 일에는 무척 자유스러웠다.

넉넉하지 않은데 매달 그렇게 기부하는 일이 부담스럽지 않냐고 물었더니 그들은 오히려 나의 물음에 의아해 하며 말했다.

"전혀 그렇지 않다. 우리는 나눔으로써 더 풍성해짐을 날마다 체험한다. 비록 넉넉하지 않게 생활하지만 부자가 아닐 뿐이지 나눌 수 없는 건 아니다. 다만 지금은 공부 중이라 사회활동에 더 많이 참여하지 못하는 게 안타까울 뿐이다. 만약 물질로 후원하는 게 여의치 않으면 시간으로 기여할 수도 있고 재능이나 힘으로 기여할 수 있다고 생각한다. 우리는 사회를 통해 받은 것을 사회로 나누어주는 일을 계속할 것이다. 그래야 경제도 흐를 수 있다."

이 친구를 통해 많은 것을 느낄 수 있었다. 나눔을 통해 그는 더 큰 일을 도모해 나갔으며 몇 년이 지난 뒤엔 생각지도 않던 큰일을 해나가고 있기 때문이다. 이처럼 나눔은 그 자체로 기적을 만들어 낸다. 물질을 통한 나눔 역시 희망이란 기적을 만들어낸다. 그렇기 때문에 나눔은 당장 실천해야 하는 것이다.

가난한 아일랜드계 미국인 가정에서 태어난 한 소년이 있었다. 어린 시절 그는 뭔가를 배우고 세계를 탐험하고 돈을 벌려는 욕망도 컸다. 늘 새로운 아이디어에 목말랐던 그는 절취선을 만들어 한 장씩 떼어낼 수 있게 하는 책자를 만들며 사업을 시작했다. 선천적으로 강한 추진력과 의지가 있었던 그는 면세사업을 하게 되면서 엄청난 부를 축적하게 되었다. 그런데도 그는 교만하지 않고 오히려 직원들 말을 경청하길 좋아했다.

사람들은 척 피니를 아름다운 부자라고 말한다. 여느 기업가들처럼 가난에서 엄청난 부를 얻었기 때문이 아니다. 면세사업을 통해 축적한 부를 여느 기부자들처럼 세상에 드러내지 않고 차근차근 기여해 왔음이 알려졌기 때문이다. 그는 '살아 있는 동안의 기부'를 하겠다고 마음먹은 뒤로 살아 있는 동안 그 부를 나누어 고령문제, 불우한 어린이와 청소년을 위한 사업, 인류의 건강과 화해와 인권에 쏟아부었다. 지금까지 25년간 4조원이란 엄청난 돈을 기부했지만 철저히 비밀에 붙였던 척 피니는 '수의에는 주머니가 없다'라는 아일랜드 속담을 기부의 철학으로 삼으며 기부를 실천한다고 한다. 또한 남은 생애에 자신의 재산인 40억 달러를 기부할 생각이라고 한다. 로이터 통신에서 위대한 자선 사업가로 선택받기도 한 척 피니에게 기부의 이유를 물었을 때 이렇게 대답했다고 한다.

"제게 필요한 것보다 많은 돈이 생겼기 때문입니다. 돈은 매력적입니다. 그러나 누구도 한번에 두 켤레의 신발을 신을 수 없습니다. 제게는 절대 변하지 않는 생각이 하나 있습니다. 다른 사람들을 위해 부를 사용해야 한다는 겁니다. 저는 제가 자랄 때 그랬던 것처럼 평범한 삶을 살려고 합니다."

1. 유일한 박사 : 유한양행 창업자

유일한 박사의 유언장(1971년 4월 8일)

첫째 : 손녀인 유일링에게는 대학 졸업시까지 학자금으로 1만 불을 준다.

둘째 : 딸 유재라에게는 유한공고 안에 있는 묘소와 주변 땅 5천 평을 물려준
　　　다. 그 땅을 유한동산이라 하고 학생들이 마음껏 나들게 하라.

셋째 : 일한 자신의 소유 주식 14만 941주는 전부 한국사회 및 교육원조 신탁
　　　금에 기증한다.

넷째 : 아내 호미리는 재라가 그 노후를 돌보아주기 바란다.

다섯째 : 아들 유일선은 대학까지 졸업시켰으니 앞으로 자립해서 살아가거라.

여섯째 : XXX에게 돈 얼마를 받을 것이 있으니 얼마는 감해주고 나머지는
　　　　꼭 받아서 재단 기금에 보태라.

정말 존경받을 만한 인물이며 또한 돈을 이긴 위대하신 분이다.

----

2. 20년간 김밥 팔아 3억 원 기부한 박춘자 할머니

[조선일보 2008.09.05 03:04:11]

경기도청은 남한산성 꼭대기에서 20년간 등산객들에게 김밥과 음료수를
팔아 모은 3억 원을 기부한 박춘자(79) 할머니를 '선행도민상' 수상자로 선
정했다고 4일 밝혔다.

선행도민상은 이웃이나 불우 소외계층을 돕는 등 특별히 지역사회를 위해
장기간 선행을 해온 도민에게 주는 상이다.

경기도청 관계자는 '오랜 선행으로 우리 사회에 귀감이 된 박춘자 할머니에게 감사의 마음을 전하고자 이 상을 수여하게 됐다'고 말했다.

박 할머니는 지난 7월 '배고픈 아이들, 돈 없어 제때 공부 못하는 아이들한테 쓰였으면 좋겠다'며 어린이재단에 3억 원을 기부했다.

그는 환갑 무렵 장사를 그만둔 후 갈 곳 없는 정신지체 장애인 10명을 집으로 데려와 지금까지 20년째 돌보고 있다.

- - - - - - - - - - - -

3. 류근철 한의학 박사 578억 원 기부

1926년 충남 천안에서 태어난 류근철 박사는 대한민국 1호 한의학 박사(1976년. 경희대)로 경희대 의대 부교수, 경희한방의료원 부원장, 한국한의사협회 초대 협회장 등을 지냈으며 한의학자로는 처음으로 1996년 4월 모스크바국립공대에서 의공학 박사학위를 취득했다.

류 박사는 평생 모아온 전 재산인 부동산(빌딩, 임야. 아파트)과 골동품 등 578억 원 상당의 사재를 KAIST의 발전기금으로 기부키로 약정했다.

KAIST 서남표 총장은 '류 박사의 기부는 KAIST의 영광이고 교직원, 학생들이 계속해서 기억해야 할 중요한 일인 동시에 한국의 역사를 바꿔놓는 일이 될 것'이라며 '그의 기부 정신은 사람이 어떻게 살아야 하는지를 생각하게 해주는 일'이라고 말했다.

- - - - - - - - - - - -

4. 전 재산과 시신까지 대학에 기증한 김복순(83) 할머니 (2007.08.15 15:24)

(서울=연합뉴스) 자신의 전 재산과 시신까지 대학에 기증한 뒤 숨을 거둔 80대 할머니가 있어 잔잔한 감동을 주고 있다. 15일 경희대에 따르면 지난 10일 돌아가신 김복순(83) 할머니는 전 재산인 시가 2억 7천만 원 상당의 빌

라(서울 성북구 장위동 소재)를 이 대학에 기부했으며 자신의 시신 역시 이 대학 의료원에 연구용으로 쓰이게 해달라고 유언했다.

----

5. "200억 전 재산 기부… 돈이 주는 불편함 정리했죠."
[문화일보 2007.12.07 16:04]
송명근 교수, 심장판막 장비개발로 늘어난 재산 사회 환원
"의술로 큰돈을 벌었지만 한 번도 제것이라고 생각한 적이 없습니다."
200억 이상의 전 재산을 사회에 기부키로 결정한 송명근(56) 건국대 교수는 7일 문화일보와의 인터뷰에서 '사회에서 번 돈을 사회로 환원하는 것은 지극히 당연한 일'이라며 '너무 크게 주변에 알려지는 것 같아 몸둘 바를 모르겠다'며 이같이 밝혔다.

----

6. 전 재산 기부한 故강태원의 아름다운 생애 — 재산 200억 원을 KBS에 기탁
[파이미디어 2007.11.22 11:12:04]
강태원 씨는 2002년 당시 개인으로서는 최고 액수를 기부하면서 '자식에게 재산을 물려주는 것은 자식을 망치는 길'이라며 한푼의 유산도 남기지 않아 더욱 유명해졌다.

$ Chapter 4

Do it now!

삶으로의 적용

더 이상 기다릴 시간이 없다.

더하기 근성을 모두 버리고 마이너스를 회복해야 한다.

숨겨진 마이너스 본성을 회복하는 순간 우리는 돈을 이기는 '참 부자'인

'뉴플러스 부자'의 길을 갈 수 있다.

이제 여러분의 이야기를 들려줄 차례입니다

.
.
.

나만의 이야기

.
.
.

┈┈▶ 우리 가족의 멋진 이야기를 만들어 보세요.

1— 나는 돈에서 자유로운가

나는 인생의 시간표 중에 어디에 서 있는가?

--- 출생 --(10대)---(20대)---(30대)---(40대)---(50대)---(60대)---(70대)---(80대)-- 사망 ----→

이제 돈이 무엇인지 우리의 삶에 어떤 존재인지 알게 되었을 것이다. 또한 삶에 가장 많은 좌절과 고통을 주는 돈 문제를 어떻게 해결해야 하는지도 알게 되었다. 자, 이제 그림에서 자신이 어디에 서 있는지 생각해 보자. 당신이 어디에 서 있든 돈의 이벤트는 다가오고 있다. 그것들을 준비하여 돈의 문제를 이겨야 한다.

돈에 자유롭기 위한 무기 점검

돈으로부터 자유로운 삶을 살기 위해서는 '지피지기백전불태(知彼知己百戰不殆)'라는 고사성어를 떠올려야 한다. 나를 알고 돈을 알면 백 번 싸워도 위태롭지 않다.

첫 번째, 다가올 이벤트를 확정해야 한다

이벤트를 정할 때에는 반드시 그 시기와 그 금액의 정도를 파악하여야 한다. 이벤트의 개수는 사람에 따라 다르다. 그 크기도 사람에 따라 다르다. 그러므로 자신과 자신의 가족만의 이벤트가 무엇인지 또 그 크기를 정하는 것이 제일 중요하다. 남의 보이는 크기는 의미가 없다. 우리를 비교하게 하여 갈등을 유발시키고 망하게 하는 돈의 속임수를 파악해야 한다.

이벤트를 정할 때는 반드시 가족과 함께 공유해야 한다. 가족 누구 하나라도 계획을 벗어나면 묻는 것이 헝클어지기 때문에 같은 목표를 향해 가족이 함께 합심해야만 돈을 이겨낼 수 있다.

두 번째, 자신의 무기를 점검해야 한다

다시 말해 지금까지 벌어놓은 재산(순자산) 지출, 시간 등을 점검하라는 말이다.

벌어놓은 것이 많아 그것으로 충분하다고 생각되면 돈이 가정을 망치고 인간을 부패하게 하는 속성을 잊지 않고 나눔의 삶을 계획해야 한다. 그래야 자신과 가족 그리고 후손이 온전하게 돈을 이길 수 있다. 하지만 이런 분은 많지 않을 것이다. 대다수의 사람들이 돈에 대한 부족함을 늘 느끼기 때문이다. 부족하게 느낀다면 지금이라도 늦지 않다. 자신의 이벤트 크기를 줄여야 한다. 거품은 반드시 걷어 내야 한다.

조금 더 깊이 들어가 보자면, 지금까지 준비해 놓은 이벤트가 무엇이 있는지 점검한다. 준비되어야 할 것이 제대로 되어 있는지 준비되지 않은 것이 무엇인지 파악하여야 한다.

현재의 수입(+)

안정적인 수입을 유지하도록 노력해야 하며 소득원의 다양화를 위해 노력해야 한다. 필요시 투잡, 맞벌이 등을 시도하여야 한다. 왜냐하면 미래에 반드시 필요한 돈들이 보이는데 지금 상태로 가다가 해결되지 않는다면 다가오는 이벤트 사이즈를 줄이든지 지금 더 노력하여 소득을 늘릴 수밖에 없다. 그냥 되겠지 또는 로또나 사고 대박을 바라는 것은 실현 불가능하고 상황을 더욱 악화시킬 뿐이다.

현재의 지출(-)

또 한 가지는 현재 나 자신과 가족의 지출을 재점검해 보아야 한다. 그리하여 가장 확실한 마이너스에 마이너스를 통한 플러스 즉 뉴플러스를 창출시켜야 한다. 항시 미래를 준비한 후 나머지를 원하는 대로 써야 한다. 즉 가정예산 범위 내에서 지출이 일어나는지 항시 점검해야 한다.

남은 시간(time)

젊은 사람들은 행운아다. 미래를 준비할 충분한 시간이 있기 때문이다. 이 책에서 얻은 교훈과 지식을 현실에 충분히 적용시킬 수 있기 때문이다. 반면 시간이 적게 남아 있는 이들에게는 점검할 시간이 많지 않아 내용을 알아도 이미 준비할 시간이 여의치 않다. 준비되지 않은 사람들은 다가오는 이벤트를 통해 혹독한 고통을 받게 된다. 그동안 많은 강연을 통해 강의 후 수많은 사람들이 후회하는 모습을 보았다. 조금이라도 덜 후회하기 위해서라면 시간이 남아 있을 때 당장 돈에 대한 준비를 시작해야 한다.

그리고 자신과 가족의 건강에 모든 것이 준비되어 있다 해도 건강을 잃어버리면 다 잃게 되고 계획이 무산된다. 그래서 건강을 위해 위험에 대비하여 가정을 지켜야 하고 건강을 유지하도록 노력해야 한다.

세 번째, 가정예산제도를 도입해야 한다

가장을 중심으로 매년 수입과 지출계획을 세우고 그대로 진행될 수 있도록 자가 제어 장치를 스스로 만들어야 한다. 매년 연말연시에 가족들이 새해 예산을 짜고 그 예산범위 내에서 가족 구성원 개개인에게 월별 할당하여 그 범위 내에서 자율적으로 지출 관리를 하도록 한다. 이 범위 내에서 지출을 한다면 가족이 함께 그리고 있는 미래가 실현되고 있음을 공유하게 되고 예산을 초과하면 장차 준비하는 어떤 부분이 부족한지 알게 될 것이다. 그러므로 가정의 경제는 가족 구성원 모두가 공유할 수 있도록 함께 예산을 만들고 실천하는 일이 우선되는 게 좋다.

네 번째, 뉴플러스 운동(New Plus Movement)을 전개해야 한다

필자는 일반인을 위해 자신과 가정의 모든 경제적인 문제를 진단하고 미래의 행복을 준비하기 위해 뉴플러스 학교를 만들어 교육을 하고 있다. 이 학교에서는 자신과 자신의 가정 전반에 대한 계획을 하고 구체적 실행방법까지 가르친다. 그리고 가정예산제도 도입을 위해 소프트 프로그램 교육을 시켜 교육 후 바로 실행할 수 있도록 하고 있다. 그리하여 교육 후에도 지속적인 피드백과 점검을 위해 멘토제도를 도입하고 지역별로 커뮤니티를 운영하여 서로 도우며 돈으로부터 자유로운 가정을 세우고 동역자로 세우는 계획도 가지고 있다. 또한 현재 일반적인 더하기 전문가가 아닌 사람 살리는 자산관리 전문가를 양성하여 많은 사람들이 진정한 자산관리를 받을 수 있도록 준비하고 있다. 이것이 곧 사람이 변하고 그를 통해 가정이 변하여 행복하고 안전한 울타리를 갖추게 되는 뉴플러스 운동이라는 생각에서다. (다음카페의 뉴플러스운동본부: http://www.newplus.or.kr)

마이너스와 마이너스가 만나면 새로운 플러스가 만들어진다. 언제나 희망이 존재하고 소망을 가지고 현실을 정직하게 바라보며 살아갈 때 뉴플러스, 그 새로운 빛은 당신의 등대가 될 것이다.

2 — 당신에게 필요한 머니 매니지먼트

부모의 머니 매니지먼트

우리나라 부모들은 자식을 너무나 사랑한다. 자식이 원하면 안 된다고 하기보다 여유가 되면 다 해주려고 하고 없으면 빌려서라도 채워줘서 남들에게 뒤처지지 않게 한다. 특히 돈에 관해서는 자식들에게 어려움을 보여주기 싫어한다. 또 해주지 못하면 부모가 무능하다고 생각하고 자식에게 미안해 한다. 그러다 보니 자라나는 아이들은 부모가 어떻게 돈을 번다는 것은 모른 채 원하면 주는 것으로 돈을 쉽게 생각하게 된다. 오히려 자식이 원할 때 해주지 못하면 불평불만을 한다.

그러나 이젠 생각이 바뀌어야 한다. 지금까지 책을 통해 강조한 것같이 돈은 무서움, 어려움, 경계의 대상임을 자녀들에게 일깨워줘 우리 모두가 돈을 이겨야 한다. 그런 점으로 볼 때 우리 부모들은 돈의 편에 서서 돈의 화려함만 자식에게 보여주고 있을 뿐이다. 모든 부모들은 이제 돈에 대해서 자식들에게 진실을 이야기해야 한다. 그것이 자식을 살리는 길이다. 그래서 사회에 나와서 자기 인생을 살아갈 때 돈에 끌려다니는 삶을 살지 않을 것이고 부모에게 돈을 알게 한 것에 감사하게 될 것이다. 그렇지 않으면 자식들은 부모를 원망할 것이다. 돈 벌기가 이렇게 힘들고 돈이 얼마나 무서운지를 왜 가르쳐주지 않아 자신의 인생을 망쳤냐고 말이다. 어릴 때부터 돈의 달콤함보다 쓴맛과 따가운 맛에 대해 알려주어야 하는 것이 부모의 책임이다. 다시 한번 이야기하지만 그것이 자식을 살리는 길이다.

 세 가지의 밤

1   2   3

밤의 그림을 비교해 보라. 어떤 밤을 당신의 자녀에게 가르칠 것인가?
1. 가시에 둘러싸여 있는 밤
2. 딱딱한 껍질로 둘러싸여 있는 밤
3. 까놓은 하얀 밤

현명한 부모는 세 가지의 밤을 다 이야기해 주는 부모이다.
자식에게 매번 까놓은 밤을 주면 밤의 달콤함만을 주는 것이다. 이런 자식은 까놓은 것이 밤이라고 생각할 것이다. 그런데 자식이 산에 가서 밤나무에 달려 있는 가시 덮인 밤을 보면 어떻게 하겠는가. 다른 애들은 가시를 벗기고 알맹이를 먹고 있고 자신도 해보려다가 가시에 찔려 피가 나는 고통을 겪게 될 것이다. 이 아이는 부모에게 왜 밤을 제대로 가르쳐주지 않아 다치게 했냐고 원망할 것이다. 여러분들은 반드시 가시에 싸인 밤을 가르쳐야 할 것이다. 돈을 가르칠 때도 돈의 달콤함과 언제라도 달라면 쉽게 얻을 수 있는 돈이 아니라 잘못 다루면 위험한 것임과 그것을 어떻게 다루어야 되는지를 가르쳐주는 부모가 진정한 부모이다.

청소년 머니 매니지먼트

청소년들은 부모가 주는 돈이 어디서 나오는지 알아야 한다. 아버지가 직장에 다니시면 매일매일 회사의 윗사람들에게 혼나가며 또 다른 사람과 경쟁하느라 모든 것을 희생해가며 번 돈이다. 요즘같이 경제가 힘들고 살기가 어려울 때는 더욱더 돈을 벌기가 힘들어진다. 부모님들은 자신들이 하고 싶은 것 또 미래에 은퇴할 때 필요한 돈을 준비하기보다 자식의 장래를 위해서 돈을 쓰고 있는 것이다. 그러한 돈으로 학원도 다니고 맛있는 것 먹고 게임도 하고 있는 것이다.

돈이 없으면 하고 싶은 것도 하지 못하게 된다. 앞으로의 일은 아무도 모를 일이다. 우리는 미래를 위해서 준비해야 한다. 많을 때 다 써버리면 갑자기 경제적인 어려움이 닥쳤을 때 모아둔 게 없어 힘들어진다. 자녀들은 부모님들의 돈이 얼마나 소중한 것인지를 알고 감사해야 한다. 그리고 돈을 마음대로 쓰면 돈은 반드시 당신을 공격할 것이다.

사회초년생 머니 매니지먼트

이제 당신은 인생의 가장 황금기에 있다. 특히 재무적인 꿈을 달성하기에는 너무나 많은 시간이 있기 때문이다. 이 책에서 강조했듯이 당신의 앞에는 일생을 거쳐 반드시 해결해야 할 돈 문제 즉 이벤트가 있으며 그것들이 당신을 향해 달려오고 있다. 당신의 무기는 시간, 수입(+), 그리고 지출(-)뿐이다. 이 중 확실히 할 수 있는 시간과 지출을 최우선 관리해야 한다. 그리고 현재 발생하고 있는 수입을 보다 안정적으로 유지하기 위해 속한 근무처에서 최선의 노력을 다해야 한다. 지뢰밭에서 지뢰를 피해가며 사는 인생이 아니라 지뢰를 근본적으로 제거하여 안전한 삶을 추구함으로써 궁극적인 행복이 이루어지는 삶을 살아야 한다.

돈은 없으면 힘들고 고통스럽다. 반드시 준비해야 하고 또 돈이 많이 생기면 좋은 일을 하기 위해서라기보다 본인이 살기 위해 나누어야 됨을 반드시 기억하고 생활에 적용해야 한다. 단지 돈만 많은 부자보다 돈을 이기고 다스리는 뉴플러스 부자가 되길 바란다.

현재의 당신의 수입 크기와 학벌, 기업의 좋고 나쁨이 인생의 승부를 결정짓는 것이 아니다. 어떻게 돈을 관리하고 자신의 위험을 제거하느냐에 따라 인생의 순위는 바뀌어 꼴찌가 일등이 되기도 한다. 현실에서 근면성실하게 자신의 가치관대로 남과 비교하지 않고 살아가면 반드시 성공하는 가정이 될 것을 확신한다.

가난으로부터의 머니 매니지먼트

당신은 이미 돈이 없음으로 인해 고통을 빚고 있다. 이제 왜 당신과 당신의 가정이 가난할 수밖에 없는지를 알게 되었을 것이다. 그러나 문제와 원인과 방법을 알았기 때문에 여러분은 가난을 이길 수 있다. 지금 이 형편을 타개하는 유일한 방법은 모든 가족이 허심탄회하게 가정이 해결해야 할 돈 문제를 공유하고 그것의 해결을 위해 공동노력을 하는 것이다. 가장으로서 아직도 많은 돈 문제를 가족에게 알려주지 않고 자신이 해결하겠다고 끙끙대고 있다면, 빨리 공유하고 같이 해결해야 한다. 돈 문제는 숨기면 숨길수록 점점 크게 되어 궁극적으로 가정파탄으로 이어지기 때문이다. 반드시 기억해야 하는 것은 가난 속에 깊이 자리잡은 돈이 여러분 가정을 서로 불신하고 갈등하게 하는 존재라는 것을 알고 서로 이해하고 사랑하여 이 돈을 이겨야 한다.

우선 부정적인 생각을 마이너스하고 지출을 보다 더 마이너스하며 가족 모두가 수입 발생을 위해 노력해야 한다. 반드시 명심해야 할 것은 한 번에 문제를 해결할 수 있는 방법은 없다는 것이다. 있으면 그것은 범죄를 통한 방법일 것이다. 속이고, 갈취하고, 로또에 목숨 거는 삶일 것이다. 늦었을 때가 출발점이다. 지금부터라도 남은 시간을 사용하여 미래의 예견된 고통을 줄이고 새로운 더하기 인생을 살아가길 바란다. 후대에는 돈이 없음으로 인해 받게 되는 고통을 더 이상 되물림해서는 안 되기 때문이다.

부자들을 위한 머니 매니지먼트

당신은 많은 사람들이 부러워하는 대상이다. 하지만 행복은 돈에 절대적으로 좌우되는 것은 아니다. 돈이 없어 고통받는 삶과는 관계가 없지만 거꾸로 돈이 많아 자신과 가정의 문제가 있을 수 있다. 왜냐하면 돈의 속성상 가정을 파괴하려고 하기 때문이다. 지금 당신이 돈이 많다는 것을 누가 알고 있는가? 배우자, 자식, 친지 등등일 것이다. 그들은 자신의 일에 충실하고 당신의 도움 없이도 행복한 가정을 꾸릴 수 있는가?

사람들은 자식과 돈 중에 어느 쪽이 더 귀하냐는 우문을 하면서도 당연히 자식을 중요하게 생각한다. 그러면 어떻게 해야 자식들을 귀하게 대하는 것일까? 자식이 원하는 대로 돈을 주거나 돈을 많이 물려주는 것은 아니다.

자식들 앞에서는 절대 돈 자랑을 해서는 안 된다. 그것은 자식뿐만 아니라 당신의 후손까지 망치는 일이다. 잘못된 부자들의 자식 사랑은 자식을 두 번 죽이는 것임을 알아야 한다. 당신이 해야 할 최우선적인 일은 돈을 알게 하는 것이다. 많은 돈을 받는 위치에 있는 자녀들은 항시 거기에 관심이 가 있고 형제끼리 갈등이 유발되어 서로 많이 얻으려고 경쟁하고 있다.

자식에게 낚시하는 방법과 영원히 쓸 수 있는 낚싯대를 줄 것인가, 아니면 평생 먹을 고기를 한꺼번에 줄 것인가? 당신은 당신과 자식이 살기 위해서 나누어야 한다. 논이 없어 고통받는 많은 사람들을 위해 나누어야 한다. 이것이 마이너스를 하면 새로운 더하기가 만들어지는 원리이다.

CEO를 위한 머니 매니지먼트

기업경영에도 뉴플러스 이론을 접목해야 한다. 모든 기업들이 성장을 위해 조직의 효율화를 찾고 시너지를 찾으려 하고 있다. 하지만 성장은 우리의 마음대로 되지 않는다. 위험이 도사리고 있기 때문이다. 모든 기업들은 회사의 비전달성을 위해 더하기 전략의 마스터플랜을 짜고 그대로 추진하려고 한다. 그 과정에서 위험요인들도 나타나고 그것을 회피하기 위한 전략이 포함된다. 하지만 보는 시각과 가는 방향에 따라 결과는 너무나 다르다. 회사의 비전을 달성하기 위해 불확실한 성장전략보다는 성장전략에 올인하여 실패했을 때 생기는 위험이 무엇인지를 파악하고 그것을 제거하는 데 우선순위를 두어야 한다. 그러한 위험이 제거되고 회피되어 있으면 회사는 안전하게 성장하게 된다. 요즘같이 전 세계가 급변하고 특히 경제의 불확실성이 증가되는 상황에서는 더하기 전략보다는 마이너스 전략을 써야 한다. 비용절감, 무리한 투자 지양, 프로세스 개선을 통한 생산성 향상, 비효율 제거 등 위험에 대해 인식하고 전 임직원이 위험관리에 집중할 때이다. 기업내부에서도 전 임직원이 뉴플러스를 발생시키는 운동을 벌여야 한다.

국가경제를 위한 머니 매니지먼트

우리는 새로운 경제 대통령을 뽑았다. 많은 이념논쟁과 무수한 공약이 제시되었지만 우리 국민은 경제 대통령을 뽑았다. 왜냐하면 경제를 살릴 것이라고 생각했기 때문이다. 이러한 국민의 생각은 우리 국가경제에 더하기를 잘할 것이라 생각하고 경제가 성장하면 국민들에게 그 혜택이 돌아올 것이라고 생각했기 때문이다. 그러나 국가경제의 성장과 가정경제의 성장과는 반드시 정비례하지 않는다. 분배의 문제 때문이다. 그리고 또 한 가지는 대통령이 아무리 경제를 살리려고 해도 마음대로 되지 않는다. 공약으로 내건 747은 말 그대로 공약으로 끝날 수도 있다. 그 이유는 우리나라는 세계 경제 속에 있고 세계 경제는 하나가 되어 이쪽에서 생긴 사건이 바로 전 세계에 영향을 미치기 때문에 우리나라만 잘해서도 되지 않는 상황이 되었다.

최근 국제경제의 침체, 유가급등, 환율 급등 등 우리의 의도와는 다르게 가고 있다. 최근에는 세계금융시장의 혼란으로 거대 금융회사들이 무너지고 있어 금융대란의 위기 상황에 있다. 하지만 국가는 확대재생산을 통해 성장해야만 한다. 그러나 국가경제도 더 이상 한쪽 방향으로만 국민들을 이끌어서는 안 된다. '성장할 수 있다. 그러면 국가경제가 부흥되고 국민소득이 증대되어 삶이 더욱 풍요로워질 것이다' 등 보랏빛 청사진을 내놓기만 해서는 안 된다. 최근에는 대통령이 직접 위기란 용어를 써서 논란이 되고 있지만 사전에 위기를 감지하고 대책을 세우면 그 위험은 우리가 피할 수 있는 하나의 이벤트일 뿐이다.

이제는 가정경제의 위기에 대해 적절한 교육이 우리 국민에게 필요하고 그것을 통해 합리적인 소비와 저축이 이루어져 건전한 가계가 될 수 있도록 국민경제에 마이너스 정책을 도입해야 한다. 지금 실시하고 있는 감세정책이 대표적인 마이너스 정책이다. 효과적으로 플러스 정책과 마이너스 정책을 결합하여 추진해야 할 것이다. 이 말은 곧 전국을 대상으로 뉴플러스 운동을 전개해야 할 때라는 말과도 같다. 뉴플러스를 통해 버는 것도 중요하지만 돈을 관리하는 것이 더 중요하다는 것을 늘 잊지 않게 계몽해야 한다. 그렇게 된다면 건전한 가정경제가 구축되고 사회의 많은 왜곡된 부문을 개선할 수 있게 되어 진정으로 선진국으로 가게 될 것이다.

국민을 부자가 되게 하는 것보다 가정경제를 지킬 수 있는 관리능력을 배양시켜 신용불량자로 전락하는 것을 막는 것이 중요하다. 이것이 건전한 국민경제일 것이다. 총량적 소득수준의 높음이 아니라 대다수 국민의 자립경제가 될 수 있도록 사회시스템 구축과 교육이 필요하다.

뉴플러스 부자,
그 후의 이야기

 한 사업가가 멕시코의 작은 해안 마을에서 휴가를 보내고 있었다. 첫날 아침, 그는 사무실에서 온 긴급한 전화를 받은 뒤 잠을 이룰 수 없어 머리를 식히려고 부둣가로 나갔다. 부두에는 달랑 어부 한 명이 탄 작은 배가 있었는데, 그 배 안에는 큼지막한 황다랑어 몇 마리가 있었다. 그 사람은 멕시코 어부에게 물고기가 아주 훌륭하다고 칭찬을 했다.

"이것들을 잡는 데 얼마나 걸리셨나요?"

"얼마 안 걸렸수다."

멕시코인은 놀라울 정도로 완벽한 영어를 구사했다.

"바다에 더 오래 있으면서 고기를 좀 더 많이 잡지 그러셨어요?"

"가족을 먹여 살리고 친구들에게도 몇 마리 나눠 줄 만큼 잡았소."

멕시코인이 물고기를 바구니에 담으면서 말하자 사업가가 또 물었다.

"하지만… 남는 시간에는 뭘 하시는데요?"

멕시코인은 사업가를 올려다보더니 미소를 지었다.

"늦잠 자고, 물고기 좀 잡고, 아이들과 놀아 주고, 아내 줄리아와 낮잠을 잔다우. 그러고는 저녁마다 마을을 어슬렁거리다 포도주도 마시고 친구들과 기타를 치면서 놀지. 살고 싶은 대로 살면서 내 딴에는 바쁜 몸이라오."

그 사람이 웃으며 일어났다.

"저는 하버드 MBA 출신으로 아저씨를 도와드릴 수 있습니다. 아저씨는 물고기를 잡는 데 더 많은 시간을 투자하고, 그 수익금으로 더 큰 배를 살 수 있습니다. 그러면 어획량이 늘어나 배를 몇 척 더 살 수 있을 거고, 나중에는 고기잡이 선단을 갖게 될 거구요."

사업가는 신이 나서 계속 이야기했다.

"잡은 고기를 중간 상인에게 파는 대신 소비자에게 직접 팔다가 나중에는 통조림 공장을 여는 거죠. 결국에는 아저씨가 제품과 가공, 유통까지 손에 넣게 되는 겁니다. 물론 이 작은 어천 마을을 떠나 멕시코시티로 옮겨야 할 거고, 그 후에는 로스엔젤레스 그리고 뉴욕까지 진출하는 겁니다. 뉴욕에서는 유능한 경영진과 호흡을 맞춰 계속 사업을 확장하며 운영할 수 있을 겁니다."

이야기를 듣고 있던 멕시코인 어부가 그에게 물었다.

"그 모든 일을 하는 데 얼마나 걸리겠수?"

"15년에서 20년 정도요. 길어야 25년이죠."

"그 다음엔 어떻게 되우?"

남자는 웃으면서 말했다.

"여기가 가장 중요한 부분이죠. 때가 되면 주식을 상장한 후 회사 주식을 팔아서 엄청난 부자가 되는 겁니다. 수백만 달러는 벌게 될 거예요."

"수백만 달러? 그러고 나서는?"

"그 다음엔 은퇴한 후 작은 어촌 마을로 가서 늦잠 자고, 물고기 좀 잡고, 아이들과 놀아주고, 아내와 낮잠 자고. 저녁에는 어슬렁어슬렁 마을이나 돌아다니며 포도주도 마시고 친구들하고 기타 치며 노는 거죠…."

"그럼 난 짧게는 15년 길게는 25년 헛고생한 셈이 되는구려. 어차피 결국엔 똑같아지니 말이오."

"······."

돈을 이기는 뉴플러스 원리를 발견한 지 3년의 세월이 흘렀다. 강의를 통해 그동안 이 원리를 알리며 많은 이들이 변화받고 많은 일들이 일어났다. 그중에서도 가장 큰 사건은 내 자신이 스스로 변했다는 사실이다.

"정말 변했어. 완전히 정리맨이 됐어."

이 말은 주위로부터 가장 많이 듣는 이야기이다. 뉴플러스 원리를 생활에 적용시키면서 정리하는 습관이 자산관리의 첫걸음이란 사실을 알게 되었기 때문이다. 이제 내 책상은 영수증은 영수증대로 장부는 장부대로 챙길 것은 꼼꼼히, 기록할 것은 세세히 분류해 놓은 공간이 되어가고 있다.

이렇게 되어가다 보니 나와 가족이 돈에서 자유로워졌다. 이러한 변화는 엄청난 힘을 일으켜 사람의 생각과 의식과 생활을 바뀌게 만들고 기쁨이 솟아나 전하지 않고는 못 배기는 지경에 이르렀다. 복음의 진리를 알았을 때 그 기쁨에 못 이겨 이웃에게 전하지 않고는 못 배기는 심정과 유사하다.

세상의 모든 사람은 부자가 되길 희망한다. 그러나 돈이 있다고 부자가 되는 것은 아니다. 진정한 부자는 자신의 것을 잃지 않고 잘 지켜내며 나눔을 실천하는 사람이다.

가진 것을 잘 관리하고 그 안에서 여유와 평화를 찾는 어부의 마음과 어떻게든 가진 것을 늘려 조급한 부자로 살려는 사람의 마음, 당신은 어떤 것이 자신의 삶을 평화롭고 여유롭게 만들어 줄 것인지 깨달았을 것이다.

세상에는 참으로 많은 더하기들이 판을 치고 있다. 그러나 더하기의 홍수로 인해 자연의 재해가 일어나고 욕심과 다툼이 생겨난다. 절제와 나눔이 사라져가고 있는 지금, 물질의 뉴플러스 원리는 살아가는 데 꼭 필요한 절제와 나눔과 베품을 실천하는 길잡이가 될 것이다. 그리고 이제 돈으로부터의 자유를 얻은 당신이 증인으로서 세상의 빛과 소금이 되기를 소망해 본다.

당신은 이미 돈을 이긴 뉴플러스 부자이기 때문이다.